新课标　新阅读

中学语文课外阅读基本篇目

高中卷 1

太阳下的风景

《太阳下的风景》编选组

南京师范大学出版社

图书在版编目(CIP)数据

太阳下的风景 /《太阳下的风景》编选组编.
—南京：南京师范大学出版社，2017.10(2023.6 重印)
(中学语文课外阅读基本篇目. 高中卷；1)
ISBN 978-7-5651-3475-3

Ⅰ. ①太… Ⅱ. ①太… Ⅲ. ①阅读课—高中—课外读
物 Ⅳ. ①G634.333

中国版本图书馆 CIP 数据核字(2017)第 273226 号

书　　名	太阳下的风景(高中卷 1)
丛 书 名	中学语文课外阅读基本篇目
组　　编	《太阳下的风景》编选组
责任编辑	许晓婷
出版发行	南京师范大学出版社
地　　址	江苏省南京市玄武区后宰门西村 9 号(邮编：210016)
电　　话	(025)83598919(总编办)　83598412(营销部)　83598009(邮购部)
网　　址	http://press.njnu.edu.cn
电子信箱	nspzbb@njnu.edu.cn
照　　排	南京开卷文化传媒有限公司
印　　刷	兴化印刷有限责任公司
开　　本	787 毫米×960 毫米　1/16
印　　张	12.25
字　　数	143 千
版　　次	2017 年 10 月第 1 版　2023 年 6 月第 9 次印刷
书　　号	ISBN 978-7-5651-3475-3
定　　价	35.00 元

出 版 人　张　鹏

“中学语文课外阅读基本篇目”丛书编委会

总　主　编： 王国强

副总主编： 彭志斌

编委会成员：（以姓氏笔画为序）

王　芳　朱佳伟　刘自然　许晓婷　张小兵

张克中　张岳全　林荣芹　周正梅　段承校

姜爱萍　洪　亮　袁　源　徐　飞　徐　溪

徐志伟　梁国祥　滕之先

高中分册执行主编： 张克中　段承校

本 册 主 编： 徐志伟

本册编写人员： 张小兵　张克中　徐　飞　徐志伟　梁国祥

阅读是我们的必修课
（前　言）

这是一个需要我们阅读的时代。社会转型需要我们在面向世界的同时也必须回望传统，阅读可以向我们每个人提供完整的思想场域；时代发展需要更多的独立思考者与思想创见者，阅读可以为每一位阅读者提供既有的文化成果；时代背景下的族群生存与精神再造需要宽广的人类视野与深邃的世界胸怀，阅读可以为我们提供丰富的文明经验与智慧收获。因此，阅读是我们这个时代的必修课。

十五至十八岁，人的思维开始进入最活跃阶段，青春的生命具有无限的可能性，这个阶段是一个人最重要的知识学习期与思想启蒙期。按照修订后课标的说法，高中是我们奠定自己思维方式与思维品质，拥有审美鉴赏与创造能力，建立承继自身文化传统与理解人类其他优秀文明能力的关键时期，这个时期如果缺失了必要的阅读与关键的阅读，有些东西我们一生都无法弥补。因此，阅读还是一个人在高中阶段的必修课。

如此，阅读选择就变成了一个课题。一名高中生，在三年的高中生活中应该阅读什么？这需要编选者在准确把握当下高中教育的前提下做好两件事：一是准确把握高中生阅读的现状及三年间递进式的阅读需要；二是准确提供最好最适宜当下高中生阅读的文本及书籍。由此，阅读选择也就成了考量文本编选者视野与眼界的问题。为了高质量地编好本套阅读丛书，江苏省中小学教学研究室利用资源优势组成了强大的编写团队，反复研讨编选体例及内容选择，以期提供给高中生最好的课外阅读内容。最终，编选组呈现了本套“中学语文课外阅读基本篇目”丛书。

整套丛书高中部分共六册，编选组依据高中学生思想认知水平及发展过程、高中生阅读心理需要、最新课标阅读要求，采用递进式的编选策略，依年级阶梯式提供适宜高中学生阅读的文本。对文本的选择，编选者本着精益求精的原则反复推敲，对选文版本的出处，编选者都进行了仔细的阅读和比较，以提供给阅读者最权威的选择。根据新课标精神，在本丛书的一些单元我们有意识地安排了长文阅读或长篇节选阅读，以此对应新课标中对整本书的阅读要求。这是一个由文及文、由文及书的编选创意，编选者期待阅读者能够因为一篇文章的阅读激励而有兴趣读到更多的好文章，或者能够因为一篇好文章而发展到阅读一本好书，甚至因为一篇文章而遇见自己一生最为喜欢的某位写作者。这从另外一个角度讲也是对新课标中整本书阅读要求的回应。如此阅读坚持三年，我们相信每一个阅读过本丛书的高中生最终都会有一个宽广的阅读视野，其中的佼佼者更会拥有优秀的阅读品质。

这个社会需要真正阅读的人群，我们这个族群需要大量的独立阅读者与理性思考者，我们每一个人都需要用阅读提升自己的生命质量，而且我们相信，对民族的未来而言，阅读是最好的人道主义启蒙。编选组抱着对时代、对国家、对民族负责以及对学生成长负责的态度进行了力所能及的团队努力，但同时我们深知，任何一种选本都有遗憾，再多的选择都无法穷尽天下的好文章，因此，我们更愿意看到这样一种情形：由于你选择了本套丛书，从此爱上了阅读，并由此进入了更为广阔与深邃的书籍阅读空间中。作为编选者，我们乐见这样的情景出现，并祝福每一位用阅读提升自己生命品质的你。

编选组

2018 年 5 月

目录

温暖和百感交集的旅程

再见，故乡

生命幻想曲

生命幻想曲[①]

顾　城

/导读/　诗人以童心观赏世界和大自然，以生命为核心，满含深情地唱出“一支人类的歌曲”。全诗弥漫着童话般的梦幻色彩，美不胜收。

把我的幻影和梦，
放在狭长的贝壳里。
柳枝编成的船篷，
还旋绕着夏蝉的长鸣。
拉紧桅绳，
风吹起晨雾的帆，
我开航了。

没有目的，
在蓝天中荡漾。
让阳光的瀑布，
洗黑我的皮肤。

太阳是我的纤夫。

①选自《朦胧诗二十五年追寻》，上海社会科学出版社 2002 年版。顾城（1956—1993），北京人，中国现代诗人，作品有《一代人》《黑眼睛》等。

它拉着我，
用强光的绳索
一步步，
走完十二小时的路途。
我被风推着
向东向西，
太阳消失在暮色里。

黑夜来了，
我驶进银河的港湾。
几千个星星对我看着，
我抛下了
新月——黄金的锚。
天微明，
海洋挤满阴云的冰山，
碰击着，
“轰隆隆”——雷鸣电闪！
我到哪里去呵？
宇宙是这样的无边。

用金黄的麦秸，
织成摇篮，
把我的灵感和心
放在里边。
装好纽扣的车轮，

让时间拖着
去问候世界。

车轮滚过
百里香和野菊的草间。
蟋蟀欢迎我
抖动着琴弦。
我把希望溶进花香。
黑夜像山谷，
白昼像峰巅。
睡吧！合上双眼，
世界就与我无关。

时间的马，
累倒了。
黄尾的太平鸟，
在我的车中做窝。
我仍然要徒步走遍世界——
沙漠、森林和偏僻的角落。
太阳烘着地球，
像烤一块面包。
我行走着，
赤着双脚。
我把我的足迹
像图章印遍大地，

世界也就溶进了
我的生命。

我要唱
一支人类的歌曲，
千百年后
在宇宙中共鸣。

1971 年盛夏自潍河归来

/ 荐读 /

顾城是当代中国文学收获的少数几个天才之一，有“唯灵的浪漫主义”诗人之誉。他的诗用孩童般的视角，讲述最美、最神秘的故事，寥寥数笔，画面感却十分强烈，让人难以忘怀。《你是前所未有的，又是久已存在的》主要收录顾城在海外的作品，按体裁分为诗歌、散文、小说、诗论、演讲、对话诸单元，其中一些是首次公之于世；另外，本书也编入了顾城各个时期的精品名作。

书　　名：你是前所未有的，又是久已存在的
作　　者：顾　城
出版信息：长江文艺出版社 2015 年版

祖　国[①]

海　子

/**导读**/　在时间尽头，祖国和所有诗人将共同在永恒的山顶留下不朽的终极意义。

我要做远方的忠诚的儿子
和物质的短暂情人
和所有以梦为马的诗人一样
我不得不和烈士和小丑走在同一道路上

万人都要将火熄灭　我一人独将此火高高举起
此火为大　开花落英于神圣的祖国
和所有以梦为马的诗人一样
我借此火得度一生的茫茫黑夜

此火为大　祖国的语言和乱石投筑的梁山城寨
以梦为土的敦煌——那七月也会寒冷的骨骼
如雪白的柴和坚硬的条条白雪　横放在众神之山
和所有以梦为马的诗人一样

---

①选自《海子诗全编》，海子著，西川编，作家出版社 2009 年版。海子（1964—1989），原名查海生，中国现代诗人。《祖国》又名《以梦为马》。

我投入此火　这三者是囚禁我的灯盏　吐出光辉

万人都要从我刀口走过　去建筑祖国的语言
我甘愿一切从头开始
和所有以梦为马的诗人一样
我也愿将牢底坐穿

众神创造物中只有我最易朽　带着不可抗拒的　死亡的速度
只有粮食是我珍爱　我将她紧紧抱住　抱住她　在故乡生儿育女
和所有以梦为马的诗人一样
我也愿将自己埋葬在四周高高的山上　守望平静的家园

面对大河我无限惭愧
我年华虚度　空有一身疲倦
和所有以梦为马的诗人一样
岁月易逝　一滴不剩　水滴中有一匹马儿一命归天

千年后如若我再生于祖国的河岸
千年后我再次拥有中国的稻田
和周天子的雪山天马踢踏
和所有以梦为马的诗人一样
我选择永恒的事业

我的事业　就是要成为太阳的一生

他从古至今——“日”——他无比辉煌无比光明
和所有以梦为马的诗人一样
最后我被黄昏的众神抬入不朽的太阳

太阳是我的名字
太阳是我的一生
太阳的山顶埋葬　诗歌的尸体——千年王国和我
骑着五千年凤凰和名字叫“马”的龙
——我必将失败
但诗歌本身以太阳必将胜利

/ 荐读 /

20 世纪 70 年代末至 80 年代初，中国正处在“文革”结束后的历史转折时期，朦胧诗是这一时期激动人心的思想、文学“解放”潮流的重要组成部分，同时，也是当代新诗革新的起点。《朦胧诗新编》编者是两位研究中国当代新诗的博士生导师，他们广泛吸收多年来朦胧诗和朦胧诗运动的研究成果，对朦胧诗和朦胧诗运动做了全面、客观而必要的整理。本书搜集了北岛、顾城、舒婷、芒克、食指等朦胧诗重要诗人的代表作，是当代诗歌研究者和爱好者的一个权威读本。

书　　名：朦胧诗新编
作　　者：洪子诚、程光炜
出版信息：长江文艺出版社
　　　　　2004 年版

有一个孩子天天向前走去[①]

惠特曼

/**导读**/ 每个孩子都有一双发现的眼睛，他们在发现中感知世界，也在发现中不断成长。这是一个在客观环境影响下成长发展的过程，也是一个在感知客观自然过程中探求生命本源的过程。

有个孩子天天向前走，
他第一眼看到哪样东西，他就成了那样东西，
那天，或那天的某个时辰，或在许多年里，
或年复一年，那样东西成了他的一部分。

早开的紫丁香成了这个孩子的一部分，
还有草，白的红的牵牛花，白的红的苜蓿，鹟鸟的歌声，
还有三月里下的羊羔，母猪的一窝粉红的猪仔，母马的驹子，母牛的犊子。
还有谷仓院子里或池塘泥泞边的一巢叽叽喳喳的雏鸟，
还有那美丽奇妙的池水，还有那么奇妙地在水下悬浮的鱼，
还有长着优雅、扁平的头的水草，都成了他的一部分。

---

①选自《草叶集》，邹仲之译，上海译文出版社 2016 年版。惠特曼（1819—1892），美国诗人、散文家、新闻工作者及人文主义者，作品有《草叶集》。

四月和五月的田间幼苗成了他的一部分，

越冬庄稼的苗、浅黄的玉米苗、园子里的胡萝卜。

还有开满花的苹果树，以后会结出果子，还有木浆果和路边最普通的野草，

还有从酒馆厕所里迟迟出来、踉踉跄跄向家走的老醉鬼，

还有走向学校的女教师，

还有走过去了的要好的男孩和吵架的男孩，

还有穿戴整洁、脸蛋红扑扑的小姑娘，还有光脚的黑人男孩女孩，

还有凡是他走过的城市和乡村的一切变化。

他的亲生父母，那个给他做父亲的男人和在子宫里孕育他、生了他的女人，

他们还把比这更多的心血给了这个孩子，

在后来的每一天他们都在给，他们成了他的一部分。

母亲在家不声不响把盘子摆上餐桌。

母亲说话温和，衣帽洁净，走过时从她身上和衣服上发出健康的气味，

父亲强壮，自负，男子气十足，老练，好发脾气，不公正，

爱揍人，说话又急又响，吝啬，爱讨价还价，狡猾却有魅力，

家里的习惯、语言、客人、家具，渴望和兴奋的心情，

无法否认的慈爱，真实的感觉，到头来可能会落空的想法，

那些白天的疑惑和夜晚的疑惑，奇妙的猜想和设想，

眼前的东西是不是真就这样，还就是些闪烁的光点？

大街上的男女熙熙攘攘，他们不是些闪烁的光点又是些什么？

那些大街，那些高楼大厦的外表，橱窗里的货色，

车水马龙，铺了厚木板的码头，渡口上人流浩荡，
日落时从远处看到的高地村庄，当中的河流，
阴影、光晕和雾气，光落在两英里外的白色棕色的屋顶和山墙上。
近处的帆船困恹恹顺流而下，后面懒洋洋地拖着小船，
匆急翻滚的波涛，浪头宏大，转瞬碎裂，
层层彩云，一抹长长的紫酱色孑然静卧，横在广阔的清明里，
地平线的边缘，飞翔的海鸥，盐碱滩和海滨泥巴的香味，
这些成了那个孩子的一部分，他天天向前走，现在，将来，他永远天天向前走。

/ 荐读 /

《草叶集》是惠特曼一生创作的总汇，也是美国诗歌史上一座灿烂的里程碑。诗集包含了丰富而深刻的思想内容，充分反映了十九世纪中期美国的时代精神。作者打破了传统的诗歌格律，创造了“自由体”的诗歌形式，节奏自由奔放，舒卷自如，具有一泻千里的气势和无所不包的容量。《草叶集》出版时，美国思想家、文学家爱默生认为该诗集“是美国至今所能贡献的最了不起的聪明才智的菁华”。

书　　名：草叶集
作　　者：[美]惠特曼
译　　者：邹仲之
出版信息：上海译文出版社
2016 年版

回旋舞[①]

保尔·福尔

/导读/ 少女跳舞，男孩造桥，全世界的男孩女孩手拉手。诗人用童话般的想象和明快的节奏，唱出人类和睦团结的颂歌，表达了诗人美好的理想和乐观的精神。

假如全世界的少女都肯携起手来，
她们可以在大海周围跳一个回旋舞。

假如全世界的男孩子都肯做水手，
他们可以用他们的船在水上造成一座美丽的桥。

那时的人们便都可以绕着全世界跳一个回旋舞，
假如全世界的男女孩都肯携起手来。

（戴望舒 译）

---

①选自《戴望舒译诗集》，湖南人民出版社1983年版。保尔·福尔（1872—1960），法国诗人。

/ 荐读 /

这本书是泰戈尔最脍炙人口的两部诗集《新月集》和《飞鸟集》的合集，集中所选多为清丽的小诗。诗人用短小而轻松的诗句道出了深刻的人生哲理，给人强大的精神鼓舞；在唤起人们对大自然、对人类、对世界上一切美好事物的爱心的同时，也启示着人们如何追求现实人生的理想。语言之美、情感之纯、哲理之真，使泰戈尔的诗能够跨越国界、种族、文化而长久流传。

书　　名：新月集·飞鸟集
作　　者：[印度]泰戈尔
译　　者：郑振铎
出版信息：中国华侨出版社
2010 年版

太阳下的风景

乡村舞会[1]

李　娟

/**导读**/　遥远角落里的一场乡间舞会，一个少女内心既温暖又羞涩的心事……

我在乡村舞会(拖依)上认识了麦西拉。他是一个漂亮温和的年轻人，我一看就喜欢上他了！可是我这个样子怎么能够走到他面前和他跳舞？——我的鞋子那么脏，裤腿上全是做晚饭时沾的干面糊。我刚干完活，脏外套还没换下来。最好看的那一件还在家里放着呢……

于是我飞快地跑回家换衣服，还洗了把脸，还特意穿上了熨过的一条裙子。

可是，等我再高高兴兴地、亮晶晶地回到舞会上时，麦西拉已经不在了，他已经走了！真是让人又失望又难过。但又不好意思向人打听什么，只好在舞会角落的柴禾垛上坐下来，希望过一会儿他就会回来的。

等了好长时间，不知不觉都过了午夜两点——舞会是十二点半开始的。

始终是那个在河边开着商店的塔尼木别克在弹电子琴。轮

---

①选自《乡村舞会》，文汇根笔会编辑部编出版社2010年版。李娟，1979年生于新疆塔城，四川乐至县人，中国现代作家。作品有《我的阿勒泰》《阿勒泰的角落》等。

流有人上去唱歌，一支接着一支。围着圆圈转着跳的月亮舞跳过了，“黑走马”也跳过了，三步四步也过了好几轮了，年轻人的迪斯科正在开始。院子里围簇的人越来越多，可是麦西拉就是不来。我在那里越等越难过，可为什么舍不得离开呢？总是会有人上来邀我跳舞，因为想跳而站起来笑着接受了。但心里有事，就是不能更高兴一些。

以往这样的时候呀，简直说不清有多兴奋，觉得拖依真是太好了，又热闹又能出风头，一个劲儿地在那唱啊跳啊的，玩累了就找个热气腾腾的房间休息一会儿，吃点东西喝点茶。和一群人围在大炕上弹冬不拉（双弦琴）呀，拉手风琴呀，喝喝酒唱唱歌什么的，暖和过来了再出去跳。就这样，三个通宵连在一起也玩不够似的。

今夜似乎没什么不同，场场不缺的阿提坎木大爷仍然来了，所有人都冲他欢呼。这个七八十岁的老头儿有趣极了，总是出不完的洋相。他不停地做鬼脸，脸拧到了几乎不可能的程度——我是说，他的眼睛和鼻子的位置都可以互相交换。他看向谁，谁就会不由自主地笑起来。更有意思的是，无论是什么舞曲他全都半蹲在地上扭“黑走马”，边跳还边“呜呜呜”地大声哼哼黑走马的调，并且只跟着自己哼的调踩舞步，电子琴那边的旋律再怎么响彻云霄也影响不到他。

他兀自在喧闹的、步履一致的人群缝隙里入神地扭肩、晃动双臂，又像是独自在遥远的过去年代里与那时的人们狂欢。他半闭着眼睛，年迈枯老的身体不是很灵活，但一起一落间稳稳地压着什么东西似的——有所依附，有所着落。好像他在空气中发现了惊涛骇浪，发现了另外一个看不到的，和他对舞的情人。

音乐只在他衰老的、细微的、准确的，又极深处的感觉里。舞蹈着的时光是不是他生命最后最华丽最丰盛的时光？

漂亮的姑娘娜比拉一身的新衣服，往电子琴边招眼地一站，仰起面庞唱起了歌。歌声尖锐明亮，一波三折，颤抖不已。那是一首我们经常听着的哈语流行歌。全场的人都跟着低声哼了起来。

我大声地向阿提坎木大爷打听娜比拉正唱着的那支歌是什么意思。他凑过耳朵“什么！什么！”地嚷了半天，最后才听清了并回答道：

“意思嘛，就是——喜欢上一个丫头了，怎么办？哎呀，喜欢上那个丫头了，实在是太喜欢了，实在是喜欢得没有办法了嘛，怎么办?！……”

我心里也说：“怎么办？……”

但是胖乎乎的家庭主妇阿扎提古丽却说：“这歌嘛，就是说‘你爱我、我爱你’的意思。”

那些嘻嘻哈哈瞎凑热闹的年轻人则这么翻译：“——要是你不爱我的话，过一会儿我就去死掉！”

麦西拉又会怎么说呢？这真是一个奇妙的夜晚，我一个劲地想着一个人，并且不知为什么竟有希望，可是在这样的夜晚发生的一切都无凭无据的啊……我从人群中溜出来，找了个安静些的房间坐了一会儿，房间里火墙边的烤箱上搁着几只干净碗，我倒了碗黑茶，偎着烤箱慢慢地喝，又把冰凉的手伸进烤箱里面暖和。越想越难过，犹豫着要不回家算了。这时外面换了一支慢一些的曲子，我把剩下的茶一口喝尽，重新出去走回跳舞的人群里。

人更多了。气温也降得更低了，所有人嘴边一团白气，没有跳舞的人站在空地里使劲跺脚。但是个个脸庞发光，神情兴奋，一点也没有嫌冷的意思。往往是两个人跳着跳着就停下来，携手离开人群，去到挂满彩纸的树下、门前的台阶旁、柴禾垛边、走廊尽头的长凳上、安静的房间里……进行另外的谈话……没完没了……今夜真正开始。

电子琴边换了一个小男孩在弹，和着曲子有一句没一句地唱着歌。他不唱的时候，会有暗处的另外一人接着下一句唱下去。院子角落煮过抓肉的篝火快要燃尽了，星星点点地在灰烬中闪烁着。我又呆了一会儿，胡思乱想了一会儿，真的该回家了。

终于，凌晨三点钟时，我的“男朋友”库兰来了。他实在是一个令人愉快的伙伴，我们一见面就抱在一起，大声叫着对方的名字，边喊边跳、又叫又闹的。所有跳舞的人也都扭过脸看着我们笑。到现在为止，感觉才好了一些，以往在舞会上感觉到的那种出于年轻才有的快乐又完整地回来了。我们跳着跳着就会大声地笑，也说不出有什么好笑的。这支舞曲像是没有尽头似的，节奏激烈。我浑身都是汗，但是停不下来，也没法觉得累。我旋转的时候，一抬头，似乎看到了星空。而四周舞者们的身影都不见了，只剩一片热烈的舞蹈。

库兰刚满五岁。脏兮兮、胖乎乎的，是个小光头。他和阿提坎木一样，也只跳黑走马，两支胖乎乎的小胳膊扭得跟蝴蝶似的上下翻飞。更多的时候是扯着我的裙子满场打转，根本就是在疯闹嘛。我也不想一本正经地好好跳舞，就随他乱蹦乱扭着。音乐迫在耳旁，身体不得不动起来。再加上这周围这么多的舞蹈的身体呀，这么多的暗示……

我也不会跳黑走马的，我只会随着音乐拿架势。大家都说我架势摆得蛮像的。但我自己也知道，其中那种微妙的，微妙的……或者说是“灵魂”一样的东西吧，是自己所陌生的，是自己永远拿捏不稳的。

……今夜永无止境，年轻的想法也永无止境。但是——库兰太厉害了，一支接一支地跳，精力无穷。快四点钟时，我已经跳得肚子疼了，他还是跟刚刚开始一样起劲。一分钟都不让我休息，拽着我的裙子，一圈一圈地打转。而麦西拉还不来……我在这儿干什么呀！尤其是当我看到我的浅色裙子上被小家伙的小脏手捏黑了一大片的时候，突然一下子难过得快哭出来似的。

舞会这会冷清了一些，却又更浓稠了一些。场上只剩下了年轻人，老人和夫妇们都回去休息了，新郎新娘早已退场，弹电子琴的那个小伙子开始一支接一支地弹起了流行歌曲。不知为什么，我开始尴尬起来，很不是滋味似的。觉得自己是在拿小库兰“打掩护”……觉得自己永远是一个“独自”的人，唉，有些时候没有爱情真是丢人……

幸好这时，库兰的妈妈来找他回家睡觉，于是小家伙就被连哭带闹地抱走了。他的妈妈又高又胖，轻轻松松地夹他在胳肢窝里，随他两条小短腿在空中怎么踢腾。

我更是心灰意冷，终于决定离开，并且因太过沮丧而瞌睡万分。

但刚刚走出院子，突然听到后面隐隐约约有人在喊“麦西拉！麦西拉过来……”就连忙站住。再仔细地听时，院子里却只是电子琴声和细细密密的谈话声。忍不住悄悄往回走，一直走到院子北侧的大房那边，趴在窗台上看了一会儿，窗子上蒙着塑料纸，里面红色金丝绒窗帘和白色蕾丝窗纱也拉上了，什么也看不见。人影幢幢的，手风琴和男女合唱的声音闹哄哄传了出来。

那个房间的门不时地开合，人来人往的，我悄悄晃进去，一进到房子里，浓黏潮湿的热气立刻把我团团裹住，白茫茫的水汽扑进房间，在地上腾起半米多高。过了一会才看清周围的情形：房间不大，光炕就占了二分之一，铺着色调浓艳的大块花毡，上面坐着站着躺着趴着十多个人；三面墙上从上到下都挂满了壁毯，还挂着一根精致古老的马鞭，一把冬不拉（双弦琴），还有一只雕和两只白狐狸的皮毛标本；炕下的长条茶几上堆满了糖果和干奶酪，盛着黄油的玻璃碟子闪闪发光。

进门的右手边是火墙，火墙和炕之间抵着一张有着雕花栏杆的蓝色木漆床，上面层层叠叠、整整齐齐地摞着二十多床鲜艳的缎面绸被，都快顶到天花板上了。最上面盖着一面雪白的垂着长长流苏的镂空大方巾。

我站在门边，慢慢扫了一圈，麦西拉不在这里……很失望地，准备退出去，但突然瞟到那张漆床的床栏上搭着的一件外套，看着挺眼熟的。于是顺墙根若无其事地蹭过去，捞过外套袖子一看，袖口打着条形的补丁，哈！不是麦西拉的是谁的？

房子里人越来越多，进进出出的，谁也没注意到我。我偷偷从茶几上抓了一把葡萄干儿，坐在炕沿最里头，守着麦西拉的衣服，一边等一边慢慢地吃。

果然，没过一会儿，麦西拉和另外一个年轻人拉开门进来了！他们说笑着，向我走来……然后越过我，俯身去取自己的外套。我连忙起身帮他把外套拿下递给他。我以为他取外套是因为要走了，可他没有，他只是翻了翻外套口袋，摸出一个很旧很破的小本子，取出里面夹着的一张纸条给了那个人。然后又顺手把外套递给我，我连忙接过来搭回床栏上。

然后——居然当我隐形似的！他只顾着和那个人说着什么，等那个人捏着纸条推门出去了，麦西拉这才回过头来，对我说“谢谢你”。

“没什么的，麦西拉。”

他听到我叫他的名字，这才格外注意了我一下：“哦，原来是裁缝家的丫头。”

他弯下腰脱鞋，一边又说：“怎么不出去跳舞呢？”

“外面没人了。”

“怎么没有？全是小伙子嘛，你一个人坐在这里干什么？……”

我就笑了。然后不知怎么的说起谎来：“……我在等人呢，——他在隔壁房子说话呢……呃，等一会儿我们一起回家……太黑了……一个人嘛，害怕嘛……”真是不知道，这到底是出于什么样的一种骄傲……

“哦，这样呀。”他起身上炕了。我也连忙脱了鞋子爬上床挨过去。

炕上人很多，都在乱七八糟地喝酒呀，拉手琴呀，唱歌跳舞呀什么的，还有三四个人在角落里打扑克牌。整个房子吵吵闹闹乌烟瘴气的。地上全是烟头和糖纸瓜子壳。

麦西拉窝进木漆床后面的角落里，顺手从墙上取下双弦琴，随意拨弄了几下，又挂了回去。

我想了想，伸手过去把琴再次取下，递给他：“你弹吧。”

他笑着接过来：“你会不会呢？”

“不会。”

“这个不难的,我教你吧?”

“我笨得很呢,学不会的……”

“没事的,你不笨。你不是裁缝吗?做衣服都学得会呢,呵呵……”

我笑了:“还是你弹吧……”

他又拨了几下弦,把琴扶正了,熟滑平稳地拨响了第一串旋律……

——那是一支经常听到的曲子,调子很平,起伏不大,旋律简单而循环不止。但一经麦西拉拨响,里面就有一种说不出的“浓重”的东西,听起来醇厚踏实……不知是因为双弦琴节奏的鲜明,还是因为弹者对曲子的太过熟悉,在这一房间的嘈杂之中——炕的另一头在起哄、合唱、鼓掌,手风琴的琴声明丽响亮,还有人一边喝酒,一边激烈地争论……麦西拉的琴声,完整而清晰,不受一丝一毫的干扰,不浸一点一滴的烦躁。他温和平淡地坐在房间嘈杂的旋涡正中央,安静得如同在旷野一般。那琴声一经拨响,就像是从不曾有过起源也不会再有结束似的,一味深深地、深深地进行着,音量不大,却那么坚定,又如同是忠贞……

我做梦似的看着四周,除了我们两个,所有人都喝得差不多了,似乎他们离我们很遥远——无论是嘴里说的话,还是眼睛里看到的东西,和我们都接不上茬。房间里的氛围整个都醉醺醺的。我悄悄爬过去,从他们的腿缝里找到一只翻倒了的空酒杯,用裙子擦了擦,又顺手拎过来半瓶白酒,满满地斟了一杯,递给麦西拉。

他停下来,笑着道谢,接过去抿了一小口,然后还给我,低头接着又弹。我捧着酒杯,晕晕乎乎地听了一会儿,似乎刚喝过酒的人是自己一样。忍不住捧着酒杯低着头也小口小口啜了起来。一边听,一边啜,一边晕。大半杯酒让我喝见底了时,这才意识到再这么坐下去实在很失态,于是又晕乎乎起身,滑下炕,从炕下那一大堆鞋子中找到自己的两只趿上,穿过一室的嘈杂悄悄走了……

推开门要踏出去时,忍不住回头又看了一眼,麦西拉仍坐在那个角落里,用心地——又仿佛是无心地——弹拨着,根本不在意我的来去……

/ 荐读 /

李娟最初引起人们关注时,还在新疆阿勒泰地区陪着母亲开小杂货店。她的文字别开一方天地,让汉语写作有了无限的可能性。其对生存本能的感知与表达的新奇,让我们有缘结识一个干净明亮的生命。

书　　名:我的阿勒泰
作　　者:李　娟
出版信息:云南人民出版社
　　　　　2010年版

怀念萧珊①

巴　金

/导读/　几乎每一个读过《怀念萧珊》的人，都会被萧珊对亲人不离不弃的情感深深打动，也会被巴金先生最平实的叙述语言打动。那深埋在字里行间的悲恸，让人泪流满面。

一

今天是萧珊逝世的六周年纪念日。六年前的光景还非常鲜明地出现在我的眼前。那一天我从火葬场回到家中，一切都是乱糟糟的，过了两三天我渐渐地安静下来了，一个人坐在书桌前，想写一篇纪念她的文章。在五十年前我就有了这样一种习惯：有感情无处倾吐时，我经常求助于纸笔。可是一九七二年八月里那几天，我每天坐三四个小时望着面前摊开的稿纸，却写不出一句话。我痛苦地想，难道给关了几年的"牛棚"，真的就变成"牛"了？头上仿佛压了一块大石头，思想好像冻结了一样。我索性放下笔，什么也不写了。

六年过去了。林彪、"四人帮"及其爪牙们的确把我搞得很"狼狈"，但我还是活下来了，而且偏偏活得比较健康，脑子也并

---

①选自《随想录》，生活·读书·新知三联书店1987年版。有改动。巴金(1904—2005)，原名李尧棠，字芾甘，祖籍浙江嘉兴，生于四川成都，中国现代作家。作品有"激流三部曲"(《家》《春》《秋》)、"爱情三部曲"(《雾》《雨》《电》)和《随想录》等。萧珊(1917—1972)，原名陈蕴珍，巴金妻子。

不糊涂，有时还可以写一两篇文章。最近我经常去火葬场，参加老朋友们的骨灰安放仪式。在大厅里，我想起许多事情。同样地奏着哀乐，我的思想却从挤满了人的大厅转到只有二三十个人的中厅里去了，我们正在用哭声向萧珊的遗体告别。我记起了《家》里面觉新说过的一句话："好像珏死了，也是一个不祥的鬼。"四十七年前我写这句话的时候，怎么想得到我是在写自己！我没有流眼泪，可是我觉得有无数锋利的指甲在搔我的心。我站在死者遗体旁边，望着那张惨白色的脸，那两片咽下千言万语的嘴唇，我咬紧牙齿，在心里唤着死者的名字。我想，我比她大十三岁，为什么不让我先死？我想，这是多么不公平！她究竟犯了什么罪？她也给关进"牛棚"，挂上"牛鬼蛇神"的小纸牌，还扫过马路。究竟为什么？理由很简单，她是我的妻子。她患了病，得不到治疗，也因为她是我的妻子。想尽办法一直到逝世前三个星期，靠开后门她才住进医院。但是癌细胞已经扩散，肠癌变成了肝癌。

她不想死，她要活，她愿意改造思想，她愿意看到社会主义建成。这个愿望总不能说是痴心妄想吧。她本来可以活下去，倘使她不是"黑老K"的"臭婆娘"。一句话，是我连累了她，是我害了她。

在我"靠边"的几年中间，我所受到的精神折磨，她也同样受到。但是我并未挨过打，她却挨了"北京来的红卫兵"的铜头皮带，留在她左眼上的黑圈好几天以后才褪尽。她挨打只是为了保护我，她看见那些年轻人深夜闯进来，害怕他们把我揪走，便溜出大门，到对面派出所去，请民警同志出来干预。那里只有一个人值班，不敢管。当着民警的面，她被他们用铜头皮带狠狠抽了一下，给押了回来，同我一起关在马桶间里。

她不仅分担了我的痛苦，还给了我不少的安慰和鼓励。在“四害”横行的时候，我在原单位（中国作家协会上海分会）给人当作“罪人”和“贱民”看待，日子十分难过，有时到晚上九十点钟才能回家。我进了门看到她的面容，满脑子的乌云都消散了。我有什么委屈、牢骚，都可以向她尽情倾吐。有一个时期我和她每晚临睡前要服两粒眠尔通才能够闭眼，可是天刚刚发白就都醒了。我唤她，她也唤我。我诉苦般地说：“日子难过啊！”她也用同样的声音回答：“日子难过啊！”但是她马上加一句：“要坚持下去。”或者再加一句：“坚持就是胜利。”我说“日子难过”，因为在那一段时间里，我每天在“牛棚”里面劳动、学习、写交代、写检查、写思想汇报。任何人都可以责骂我、教训我、指挥我。从外地到“作协分会”来串联的人可以随意点名叫我出去“示众”，还要自报罪行。上下班不限时间，由管理“牛棚”的“监督组”随意决定。任何人都可以闯进我家里来，高兴拿什么就拿走什么。这个时候大规模的群众性批斗和电视批斗大会还没有开始，但已经越来越逼近了。

她说“日子难过”，因为她给两次揪到机关，“靠边”劳动，后来也常常参加“陪斗”。在淮海中路“大批判专栏”上张贴着批判我的罪行的大字报，我一家人的名字都给写出来“示众”，不用说“臭婆娘”的大名占着显著的地位。这些文字像虫子一样咬痛她的心。她让上海戏剧学院“狂妄派”学生突然袭击、揪到“作协分会”去的时候，在我家大门上还贴了一张揭露她的所谓罪行的大字报。幸好当天夜里我儿子把它撕毁。否则这一张大字报就会要了她的命!

人们的白眼,人们的冷嘲热骂蚕食着她的身心。我看出来她的健康逐渐遭到损害。表面上的平静是虚假的。内心的痛苦像一锅煮沸的水,她怎么能遮盖住!怎么能使它平静!她不断地给我安慰,对我表示信任,替我感到不平。然而她看到我的问题一天天地变得严重,上面对我的压力一天天地增加,她又非常担心。有时同我一起上班或者下班,走近巨鹿路口,快到“作协分会”,或者走近湖南路口,快到我们家,她总是抬不起头。我理解她,同情她,也非常担心她经受不起沉重的打击。我记得有一天到了平常下班的时间,我们没有受到“留难”,回到家里,她比较高兴,到厨房去烧菜。我翻看当天的报纸,在第三版上看到当时做了“作协分会”的头头的两个工人作家写的文章《彻底揭露巴金的反革命真面目》。真是当头一棒!我看了两三行,连忙把报纸藏起来,我害怕让她看见。她端着烧好的菜出来,脸上还带笑容,吃饭时她有说有笑。饭后她要看报,我企图把她的注意力引到别处。但是没有用,她找到了报纸。她的笑容一下子完全消失。这一夜她再没有讲话,早早地进了房间。我后来发现她躺在床上小声哭着。一个安静的夜晚给破坏了。今天回想当时的情景,她那张满是泪痕的脸还在我的眼前。我多么愿意让她的泪痕消失,笑容在她那憔悴的脸上重现,即使减少我几年的生命来换取我们家庭生活中一个宁静的夜晚,我也心甘情愿!

二

我听周信芳[①]同志的媳妇说，周的夫人在逝世前经常被“打手们”拉出去当作皮球推来推去，打得遍体鳞伤。有人劝她躲开，她说：“我躲开，他们就要这样对付周先生了。”萧珊并未受到这种“新式体罚”。可是她在精神上给别人当皮球打来打去。她也有这样的想法：她多受一点精神折磨，可以减轻对我的压力。其实这是她一片痴心，结果只苦了她自己。我看见她一天天地憔悴下去，我看见她的生命之火逐渐熄灭，我多么痛心。我劝她，安慰她，我想拉住她，一点也没有用。

她常常问我：“你的问题什么时候才解决呢？”我苦笑地说：“总有一天会解决的。”她叹口气说：“我恐怕等不到那个时候了。”后来她病倒了，有人劝她打电话找我回家，她不知从哪里得来的消息，她说：“他在写检查，不要打岔他。他的问题大概可以解决了。”等到我从五七干校[②]回家休假，她已经不能起床。她还问我检查写得怎样，问题是否可以解决。我当时的确在写检查，而且已经写了好几次了。他们要我写，只是为了消耗我的生命。但她怎么能理解呢？

这时离她逝世不过两个多月，癌细胞已经扩散，可是我们不知道，想找医生给她认真检查一次，也毫无办法。平日去医院挂

---

①[周信芳(1895—1975)]中国现代京剧表演艺术家。

②[五七干校]1966年5月7日，毛泽东在审阅军委总后勤部《关于进一步搞好部队农副业生产的报告》后，写给林彪一封信，通常按写信日期称之为“五七指示”。信中要求各行各业以本业为主，兼学工、学农、学军，同时坚持批判资产阶级。指示发布以后，全国各地纷纷办起各种形式的干部学校，即“五七干校”，大批干部、教师和科研人员被下放到农村，参加体力劳动。

号看门诊，等了许久才见到医生或者实习医生，随便给开个药方就算解决问题。只有在发烧到摄氏三十九度才有资格挂急诊号，或者还可以在病人拥挤的观察室里待上一天半天。当时去医院看病找交通工具也很困难，常常是我女婿借了自行车来，让她坐在车上，他慢慢地推着走。有一次她雇到小三轮卡①去看病，看好门诊回家雇不到车了，只好同陪她看病的朋友一起慢慢地走回来，走走停停，走到街口，她快要倒下了，只得请求行人到我们家通知。她一个表侄正好来探病，就由他去把她背了回家。她希望拍一张X光片子查一查肠子有什么病，但是办不到。后来靠了她一位亲戚帮忙开后门两次拍片，才查出她患肠癌。以后又靠朋友设法开后门住进了医院。她自己还很高兴，以为得救了。只有她一个人不知真实的病情。她在医院里只活了三个星期。

我休假回家，假期满了，我又请过两次假，留在家里照料病人。最多也不到一个月。我看见她病情日趋严重，实在不愿意把她丢开不管，我要求延长假期的时候，我们那个单位一个“工宣队”②头头逼着我第二天就回干校去。我回到家里，她问起来，我无法隐瞒。她叹了一口气，说：“你放心去吧。”她把脸掉过去，不让我看她。我女儿、女婿看到这种情景，自告奋勇跑到巨鹿路向那位“工宣队”头头解释，希望同意我在市区多留些日子照料病人。可是那个头头“执法如山”，还说，他不是医生，留在家里，有什么用！“留在家里对他改造不利！”他们气愤地回到家中，只

①[小三轮卡]相当于现在的小三轮摩托车。

②[“工宣队”]“工人毛泽东思想宣传队”的简称。“文化大革命”期间进驻教育、科研、文化等机构并实施领导的工人工作队。

说机关不同意，后来才对我传达了这句“名言”。我还能讲什么呢？明天回干校去！

整个晚上她睡不好，我更睡不好。出乎意料，第二天一早我那个插队[1]落户的儿子在我们房间里出现了，他是昨天半夜里到的。他得到了家信，请假回家看母亲，却没有想到母亲病成这样。我见了他一面，把他母亲交给他，就回干校去了。

在车上我的情绪很不好。我实在想不通为什么会有这样的事情。我在干校待了五天，无法同家里通消息。我已经猜到她的病不轻了。可是人们不让我过问她的事情。这五天是多么难熬的日子！到第五天晚上在干校的造反派头头通知我们全体第二天一早回市区开会。这样我才又回到了家，见到我的爱人。靠了朋友帮忙，她可以住进中山医院（现为复旦大学附属中山医院）肝癌病房，一切都准备好，她第二天就要住院了。她多么希望住院前见我一面，我终于回来了。连我也没有想到她的病情发展得这么快。我们见了面，我一句话也讲不出来。她说了一句：“我到底住院了。”我答说：“你安心治疗吧。”她父亲也来看她，老人家双目失明，去医院探病有困难，可能是来同他的女儿告别了。

我吃过中饭，就去参加给别人戴上“反革命”帽子的大会，受批判、“戴帽子”的人不止一个，其中有一个我的熟人王若望同志[2]，他过去也是作家，不过比我年轻。我们一起在“牛棚”里关过一个时期，他的罪名是“摘帽右派”。他不服，不听话，他贴出

---

①［插队］指城市知识青年、干部下放到农村生产队。

②［王若望同志］王若望同志在1957年被错划为“右派”（1962年“摘帽”），后经改正，恢复名誉。

大字报，声明“自己解放自己”，因此罪名越搞越大，给捉去关了一个时期不算，还戴上了“反革命”的帽子被监督劳动。在会场里我一直像在做怪梦。开完会回家，见到萧珊我感到格外亲切，仿佛重回人间。可是她不舒服，不想讲话，偶尔讲一句半句。我还记得她讲了两次：“我看不到了。”我连声问她看不到什么？她后来才说：“看不到你解放了。”我还能再讲什么呢？

我儿子在旁边，垂头丧气，精神不好，晚饭只吃了半碗，像是患感冒。她忽然指着他小声说：“他怎么办呢？”他当时在安徽山区农村已经待了三年半，政治上没有人管，生活上不能养活自己，而且因为是我的儿子，给剥夺了好些公民权利。他先学会沉默，后来又学会抽烟。我怀着内疚的心情看看他。我后悔当初不该写小说，更不该生儿育女。我还记得前两年在痛苦难熬的时候她对我说：“孩子们说爸爸做了坏事，害了我们大家。”这好像用刀子在割我身上的肉。我没有出声，我把泪水全吞在肚里。她睡了一觉醒过来，忽然问我：“你明天不去了？”我说：“不去了。”就是那个“工宣队”头头今天通知我不用再去干校就留在市区。他还问我：“你知道萧珊是什么病？”我答说：“知道。”其实家里瞒住我，不给我知道真相，我还是从他这句问话里猜到的。

三

第二天早晨她动身去医院，一个朋友和我女儿、女婿陪她去。她穿好衣服等候车来。她显得急躁，又有些留恋，东张张西望望，她也许在想是不是能再看到这里的一切。我送走她，心上反而加了一块大石头。

将近二十天里，我每天去医院陪伴她大半天。我照料她，我坐在病床前守着她，同她短短地谈几句话。她的病情恶化，一天天衰弱下去，肚子却一天天大起来，行动越来越不方便。当时病房里没有人照料，生活方面除饮食外一切都必须自理。后来听同病房的人称赞她“坚强”，说她每天早晚都默默地挣扎着下了床，走到厕所。医生对我们谈起，病人的身体经不住手术，最怕的是她的肠子堵塞，要是不堵塞，还可以拖延一个时期。她住院后的半个月是一九六六年八月以来我既感痛苦又感到幸福的一段时间，是我和她在一起度过的最后的平静的时刻，我今天还不能将它忘记。但是半个月以后，她的病情又有了发展，一天吃中饭的时候，医生通知我儿子找我去谈话。他告诉我：病人的肠子给堵住了，必须开刀。开刀不一定有把握，也许中途出毛病。但是不开刀，后果更不堪设想。他要我决定，并且要我劝她同意。我做了决定，就去病房对她解释。我讲完话，她只说了一句：“看来，我们要分别了。”她望着我，眼睛里全是泪水。我说：“不会的……”我的声音哑了。接着护士长来安慰她，对她说：“我陪你，不要紧的。”她回答：“你陪我就好。”时间很紧迫，医生、护士们很快做好了准备，她给送进手术室去了，是她的表侄把她推到手术室门口的。我们就在外面廊上等了好几个小时，等到她平安地给送出来，由儿子把她推回到病房去。儿子还在她的身边守过一个夜晚。过两天他也病倒了，查出来他患肝炎，是从安徽农村带回来的。本来我们想瞒住他的母亲，可是无意间让他母亲知道了。她不断地问：“儿子怎么样？”我自己也不知道儿子怎么样，我怎么能使她放心呢？晚上回到家，走进空空的、静静的房间，我几乎要叫出声来：“一切都朝我的头打下来吧，让所有的灾祸都来吧。我受得住!”

我应当感谢那位热心而又善良的护士长,她同情我的处境,要我把儿子的事情完全交给她办。她作好安排,陪他看病、检查,让他很快住进别处的隔离病房,得到及时的治疗和护理。他在隔离病房里苦苦地等候母亲病情的好转。母亲躺在病床上,只能有气无力地说几句短短的话,她经常问:“棠棠[①]怎么样?”从她那双含泪的眼睛里我明白她多么想看见她最爱的儿子。但是她已经没有精力多想了。

她每天给输血,打盐水针。她看见我去就断断续续地问我:“输多少CC的血?该怎么办?”我安慰她:“你只管放心。没有问题,治病要紧。”她不止一次地说:“你辛苦了。”我有什么苦呢?我能够为我最亲爱的人做事情,哪怕做一件小事,我也高兴!后来她的身体更不行了。医生给她输氧气,鼻子里整天插着管子。她几次要求拿开,这说明她感到难受,但是听了我们的劝告,她终于忍受下去了。开刀以后她只活了五天。谁也想不到她会去得这么快!五天中间我整天守在病床前,默默地望着她在受苦(我是设身处地感觉到这样的),可是她除了两三次要求搬开床前巨大的氧气筒,三四次表示担心输血较多付不出医药费之外,并没有抱怨过什么。见到熟人她常有这样一种表情:请原谅我麻烦了你们。她非常安静,但并未昏睡,始终睁大两只眼睛。眼睛很大,很美,很亮。我望着,望着,好像在望快要燃尽的烛火。我多么想让这对眼睛永远亮下去!我多么害怕她离开我!我甚至愿意为我那十四卷“邪书”受到千刀万剐,只求她能安静地活

①[棠棠]巴金和萧珊的儿子李小棠。

下去。

不久前我重读梅林[①]写的《马克思传》，书中引用了马克思给女儿的信里的一段话，讲到马克思夫人的死。信上说："她很快就咽了气。……这个病具有一种逐渐虚脱的性质，就像由于衰老所致一样。甚至在最后几小时也没有临终的挣扎，而是慢慢地沉入睡乡。她的眼睛比任何时候都更大、更美、更亮！"这段话我记得很清楚。马克思夫人也死于癌症。我默默地望着萧珊那对很大、很美、很亮的眼睛，我想起这段话，稍微得到一点安慰。听说她的确也"没有临终的挣扎"，她也是"慢慢地沉入睡乡"。我这样说，因为她离开这个世界的时候，我不在她的身边。那天是星期天，卫生防疫站因为我们家发现了肝炎病人，派人上午来做消毒工作。她的表妹有空愿意到医院去照料她，讲好我们吃过中饭就去接替。没有想到我们刚刚端起饭碗，就得到传呼电话，通知我女儿去医院，说是她妈妈"不行"了。真是晴天霹雳！我和我女儿、女婿赶到医院。她那张病床上连床垫也给拿走了。别人告诉我她在太平间。我们又下了楼赶到那里，在门口遇见表妹。还是她找人帮忙把"咽了气"的病人抬进来的。死者还不曾给放进铁匣子里送进冷库，她躺在担架上，但已经给白布床单包得紧紧的，看不到面容了。我只看到她的名字。我弯下身子，把地上那个还有点人形的白布包拍了好几下，一面哭着唤她的名字。不过几分钟的时间。这算是什么告别呢？

据表妹说，她逝世的时刻，表妹也不知道。她曾经对表妹说："找医生来。"医生来过，并没有什么。后来她就渐渐地"沉入

①[梅林(1846—1919)]德国社会民主党领导人，历史学家和文艺评论家。

睡乡”。表妹还以为她在睡眠。一个护士来打针，才发觉她的心脏已经停止跳动了。我没有能同她诀别，我有许多话没有能向她倾吐，她不能没有留下一句遗言就离开我！我后来常常想，她对表妹说“找医生来”，很可能不是“找医生”，是“找李先生”（她平日这样称呼我）。为什么那天上午偏偏我不在病房呢？家里人都不在她身边，她死得这样凄凉！

我女婿马上打电话给我们仅有的几个亲戚。她的弟媳赶到医院，马上晕了过去。三天以后在龙华火葬场举行告别仪式。她的朋友一个也没有来，因为一则我们没有通知，二则我是一个审查了将近七年的对象。没有悼词，没有吊客，只有一片伤心的哭声。我衷心感谢前来参加仪式的少数亲友和特地来帮忙的我女儿的两三个同学。最后，我跟她的遗体告别，女儿望着遗容哀哭，儿子在隔离病房还不知道把他当作命根子的妈妈已经死亡。值得提说的是，她当作自己儿子照顾了好些年的一位亡友的男孩从北京赶来，只为了看见她的最后一面。这个整天同钢铁打交道的技术员，他的心倒不像钢铁那样。他得到电报以后，他爱人对他说：“你去吧，你不去一趟，你的心永远安定不了。”我在变了形的她的遗体旁边站了一会。别人给我和她照了相。我痛苦地想：这是最后一次了，即使给我们留下来很难看的形象，我也要珍视这个镜头。

一切都结束了。过了几天我和女儿、女婿到火葬场，领到了她的骨灰盒。在存放室寄存了三年之后，我按期把骨灰盒接回家里。有人劝我把她的骨灰安葬，我宁愿让骨灰盒放在我的寝室里，我感到她仍然和我在一起。

四

梦魇一般的日子终于过去了。六年仿佛一瞬间似的远远地落在后面了。其实哪里是一瞬间！这段时间里有多少流着血和泪的日子啊。不仅是六年，从我开始写这篇短文到现在又过去了半年，半年中我经常在火葬场的大厅里默哀，行礼，为了纪念给“四人帮”迫害致死的朋友。想到他们不能把个人的智慧和才华献给社会主义祖国，我万分惋惜。每次戴上黑纱、插上纸花的同时，我也想起我自己最亲爱的朋友，一个普通的文艺爱好者，一个成绩不大的翻译工作者，一个心地善良的人。她是我的生命的一部分，她的骨灰里有我的泪和血。

她是我的一个读者。一九三六年我在上海第一次同她见面。一九三八年和一九四一年我们两次在桂林像朋友似的住在一起。一九四四年我们在贵阳结婚。我认识她的时候，她还不到二十，对她的成长我应当负很大的责任。她读了我的小说，给我写信，后来见到了我，对我发生了感情。她在中学念书，看见我以前，因为参加学生运动被学校开除，回到家乡住了一个短时期，又出来进另一所学校。倘使不是为了我，她三七、三八年一定去了延安。她同我谈了八年的恋爱，后来到贵阳旅行结婚，只印发了一个通知，没有摆过一桌酒席。从贵阳我和她先后到了重庆，住在民国路文化生活出版社门市部楼梯下七八个平方米的小屋里。她托人买了四只玻璃杯开始组织我们的小家庭。她陪着我经历了各种艰苦生活。在抗日战争紧张的时期，我们一起在日军进城以前十多个小时逃离广州，我们从广东到广西，从昆明到桂林，从金华到温州，我们分散了，又重见，相见后又别离。在我那两册《旅途通讯》中就有一部分这种生活的记录。四十年前有一位朋友批评我："这算什么文章!"我的《文集》出版后,另一位朋友认为我不应当把它们也收进去。他们都有道理,两年来我对朋友、对读者讲过不止一次,我决定不让《文集》重版。但是为我自己,我要经常翻看那两小册《通讯》。在那些年代,每当我落在困苦的境地里、朋友们各奔前程的时候,她总是亲切地在我的耳边说:"不要难过,我不会离开你,我在你的身边。"的确,只有在她最后一次进手术室之前她才说过这样一句:"我们要分别了。"

我同她一起生活了三十多年。但是我并没有好好地帮助过她。她比我有才华,却缺乏刻苦钻研的精神。我很喜欢她翻译的普希金和屠格涅夫的小说。虽然译文并不恰当,也不是普希金和屠格涅夫的风格,它们却是有创造性的文学作品,阅读它们对我是一种享受。她想改变自己的生活,不愿做家庭妇女,却又缺少吃苦耐劳的勇气。她听一个朋友的劝告,得到后来也是给"四人帮"迫害致死的叶以群①同志的同意,到《上海文学》"义务劳动",也做了一点点工作,然而在运动中却受到批判,说她专门向老作家组稿,又说她是我派去的"坐探"。她为了改造思想,想走捷径,要求参加"四清"运动②,找人推荐到某铜厂的工作组工作,工作相当忙碌、紧张,她却精神愉快。但是到我快要"靠边"

①[叶以群(1911—1966)]中国现代文艺理论家。

②["四清"运动]全称为"社会主义教育运动"。1963年到1966年5月,中国共产党在部分农村和少数城市基层开展的一次清政治、清经济、清组织、清思想的运动。由于在指导思想上犯有"左"的错误,因而把大量不属于阶级斗争的问题当成阶级斗争或阶级斗争在党内的反映,使不少基层干部受到不应有的打击,继而又提出了运动的重点是整所谓"党内走资本主义道路的当权派",使"左"的错误进一步发展。

的时候,她也被叫回"作协分会"参加运动。她第一次参加这种急风暴雨般的斗争,而且是以反动权威家属的身份参加,她不知道该怎么办才好。她张皇失措,坐立不安,替我担心,又为儿女的前途忧虑。她盼望什么人向她伸出援助的手,可是朋友们离开了她,"同事们"拿她当作箭靶,还有人想通过整她来整我。她不是"作协分会"或者刊物的正式工作人员,可是仍然被"勒令""靠边"劳动、"站队挂牌",放回家以后,又给揪到机关。过一个时期,她写了认罪的检查,第二次给放回家的时候,我们机关的造反派头头却通知里弄委员会罚她扫街。她怕人看见,每天大清早起来,拿着扫帚出门,扫得精疲力尽,才回到家里,关上大门,吐了一口气。但有时她还碰到上学去的小孩,对她叫骂"巴金的臭婆娘"。我偶尔看见她拿着扫帚回来,不敢正眼看她,我感到负罪的心情。这是对她的一个致命的打击。不到两个月,她病倒了,以后就没有再出去扫街(我妹妹继续扫了一个时期),但是也没有完全恢复健康。尽管她还继续拖了四年,但一直到死,她并不曾看到我恢复自由。这就是她的最后,然而绝不是她的结局。她的结局将和我的结局连在一起。

我绝不悲观。我要争取多活。我要为我们社会主义祖国工作到生命的最后一息。在我丧失工作能力的时候,我希望病榻上有萧珊翻译的那几本小说。等到我永远闭上眼睛,就让我的骨灰同她的搀和在一起。

一月十六日写完

/ 荐读 /

晚年的巴金以罕见的勇气挣脱思想枷锁，直面历史，当他以割裂伤口的勇气揭示出潜隐在个人和民族灾难之下的深在内容时，其实也完成了对自己和对整个知识分子群体背叛“五四”精神的批判。这一切都在巴金先生的《随想录》一书中。

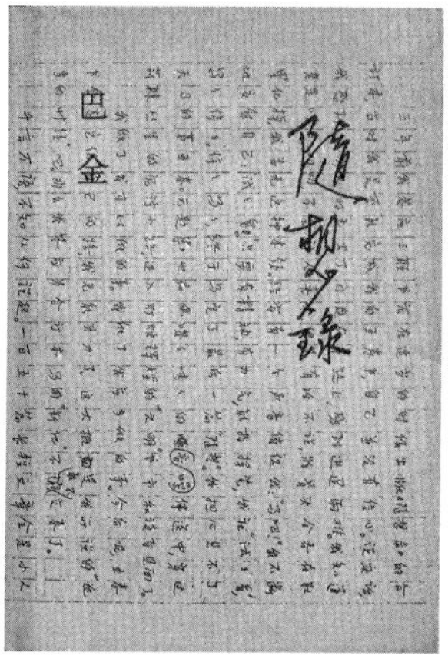

书　　名：随想录
作　　者：巴　金
出版信息：生活・读书・新知三联书店 1987 年版

太阳下的风景

——沈从文与我①

黄永玉

/导读/ 沈从文是中国文化界的一个标杆，黄永玉亦是。这对从湘西凤凰走出来的传奇人物会有怎样的人生故事，我们在太阳下能看到多少耐人咀嚼的人世风景呢？

从12岁出来，在外头生活了将近45年，才觉得我们那个县城实在是太小了。不过，在天涯海角，我都为它而骄傲，它就应该是那么小，那么精致而严密，那么结实。它也实在是太美了，以致以后的几十年我到哪里也觉得还是我自己的故乡好；原来，有时候，还以为可能是自己的偏见。最近两次听到新西兰的老人艾黎说："中国有两个最美的小城，第一是湖南凤凰，第二是福建的长汀……"他是以一个在中国生活了将近60年的老朋友说这番话的，我真是感激而高兴。

我那个城，在湘西靠贵州省的山洼里。城一半在起伏的小山坡上，有一些峡谷，一些古老的森林和草地，用一道精致的石头城墙上上下下地绣起一个圈来圈住。圈外头仍然那么好看，

①选自《太阳下的风景》，生活·读书·新知三联书店2003年版。黄永玉，1924年生，湖南凤凰人，中国现代画家、作家，作品有《太阳下的风景》《这些忧郁的碎屑》等。沈从文(1902—1988)，湖南凤凰人，中国现代作家，作品有《边城》《湘行散记》等。

有一座大桥，桥上层叠着二十四间住家的房子，晴天里晾着红红绿绿的衣服，桥中间是一条有瓦顶棚的小街，卖着奇奇怪怪的东西。桥下游的河流拐了一个弯，有学问的设计师在拐弯的地方使尽了本事，盖了一座万寿宫，宫外左侧还点缀一座小白塔。于是，成天就能在桥上欣赏好看的倒影。

城里城外都是密密的、暗蓝色的参天大树，街上红石板青石板铺的路，路底有下水道，蔷薇、木香、狗脚梅、桔柚，诸多花果树木往往从家家户户的白墙里探出枝条来。关起门，下雨的时候，能听到穿生牛皮钉鞋的过路人丁丁丁地从门口走过。还能听到庙中建筑四角的“铁马”风铃叮叮当当的声音。下雪的时候，尤其动人，因为经常一落即有二尺来厚。

最近我在家乡听到一位苗族老人这么说，打从县城对面的“累烧坡”半山下来，就能听到城里“哄哄哄”的市声，闻到油炸粑粑的香味道。实际上那距离还在六七里之遥。

城里多清泉，泉水从山岩石缝里渗透出来，古老的祖先就着石壁挖了一眼一眼壁炉似的竖穹，人们用新竹子做成的长勺从里头将水舀起来。年代久远，泉水四周长满了羊齿植物，映得周围一片绿，想起宋人赞美柳永的话：“有井水处必有柳词”，我想，好诗好词总是应该在这种地方长出来才好。

我爸爸在县里的男小学做校长，妈妈在女小学做校长。妈妈和爸爸都是在师范学校学音乐美术的，不知道什么时候爸爸用他在当地颇为有名气的拿手杰作通草刻花作品去参加了一次“巴拿马赛会”（天晓得是一次什么博览会），得了个铜牌奖，很使他生了一次大气（他原冀得到一块大金牌的）。虽然口味太高，这块铜牌奖毕竟使他增长了怀才不遇的骄傲快感。这个人一直是自得其乐的。他按得一手极复杂的大和弦风琴，常常闭着眼睛品尝音乐给他的其他东西换不来的快感。以后的许多潦倒失业的时光，他都是靠风琴里的和弦与闭着的眼睛度过的。我的祖母不爱听那些声音，尤其不爱看我爸爸那副“与世无争随遇而安”的神气，所以一经过噪刮的风琴旁边时就嘟嘟囔囔，说这个家就是让这部风琴弄败的。可是这风琴却是当时本县惟一的新事物。

妈妈一心一意还在做她的女学校校长，也兼美术和音乐课。从专业上说，她比爸爸差多了，但人很能干，精力尤其旺盛。每个月都能从上海北京收到许多美术音乐教材。她教的舞蹈是很出色而大胆的，记得因为舞蹈是否有伤风化的问题和当地的行政长官狠狠地干过几仗，而都是以胜利告终。她第一个剪短发、第一个穿短裙，也鼓动她的学生这么做。在当时的确是颇有胆识的。

看过几次电影，《早春二月》那些歌，那间学校，那几位老师，那几株桃花李花，多么像我们过去的生活！

再过一段时候，爸爸妈妈的生活就寥落了，从外头回来的年轻人代替了他们。他们消沉，难过，以为是某些个人对不起他们。他们不明白这就是历史的规律，后浪推前浪啊！不久，爸爸到外地谋生去了，留下祖母和妈妈支撑着摇摇欲坠的自古相传的“古椿书屋”。每到月底，企盼着从外头寄回来的一点点打发日子的生活费。

有一天傍晚，我正在孔庙前文星街和一群孩子进行一场简直像真的厮杀的游戏，忽然一个孩子告诉我，你们家来了个北京客人！

我从来没亲眼见过北京客人。我们家有许许多多北京、上海的照片，那都是我的亲戚们寄回来让大人们觉得有意思的东西；对孩子来说，它又不是糖，不是玩意，看看也就忘了。这一次来的是真人，那可不是个随随便便的事。

这个人和祖母围着火炉膛在矮凳上坐着，轻言细语地说着话，回头看见了我。

“这是老大吗？”那个人问。

“是呀！”祖母说，“底下还有四个咧！真是旺丁不旺财啊！”

“喂！”我问，“你是北京来的吗？”

“怎么那样口气？叫二表叔！”祖母说，“是你的从文表叔！”

我笑了，在他周围看了一圈，平平常常，穿了件灰布长衫。

“嗯……你坐过火车和轮船？”

他点点头。

“那好！”我说完马上冲出门去，继续我的战斗。一切一切就那么淡漠了。

几年以后，我将小学毕业，妈妈叫我到 45 里外的外婆家去告穷，给骂了一顿，倒也在外婆家住了一个多月。有一天，一个中学生和我谈了一些很深奥的问题，我一点也不懂，但我马上即将小学毕业，不能在这个中学生面前丢人，硬着头皮装着对答如流的口气问他，是不是知道从凤凰到北京要坐几次轮船和几次火车？

他好像也不太懂，这叫我非常快乐。于是我又问他知不知道北京的沈从文？他是我爸爸的表弟，我的表叔。

“知道！他是个文学家，写过许多书，我有他的书，好极了，都是凤凰口气，都是凤凰事情，你要不要看？我有，我就给你拿去!”

他借的一本书叫作《八骏图》,我看了半天也不懂,“怎么搞的?见过这个人,又不认得他的书?写些什么狗皮唠糟的事?老子一点也不明白……”我把书还给那个中学生。

“怎么样?”

“唔、唔、唔。”

许多年过去了。

我流浪在福建德化山区里,在一家小瓷器作坊里做小工。我还不明白世界上有一种叫作工资的东西,所以老板给我水平极差的三顿伙食已经十分满足。有一天,老板说我的头发长得已经很不成话,简直像个犯人的时候,居然给了我一块钱。我高高兴兴地去理了一个“分头”,剩下的七角钱在书店买了一本《昆明冬景》。

我是冲着沈从文三个字去买的。钻进阁楼上又看了半天,仍然是一点意思也不懂。这我可真火了。我怎么可以一点也不懂呢?就这么七角钱?你还是我表叔,我怎么一点也不明白你在说些什么呢?七角钱,你知不知道我这七角钱要派多少用场?知不知道我日子多不好过?我可怜的七角钱……

德化的跳蚤很多,摆一脸盆水在床板底下,身上哪里痒就朝哪里抓一把,然后狠狠往床下一摔,第二天,黑压压一盆底跳蚤。

德化出竹笋,柱子般粗一根,山民一人抬一根进城卖掉买盐回家。我们买来剁成丁子,抓两把米煮成一锅清粥,几个小孩一口气喝得精光,既不饱,也不补人,肚子给胀了半天,胀完了,和没有吃过一样。半年多,我的大腿跟小腿都肿了起来,脸也肿了;但人也长大了……

我是在学校跟一位姓吴的老师学的木刻，我那时是很自命不凡的，认为既然刻了木刻，就算是有了一个很好的倾向了。听说金华和丽水的一个木刻组织出现，就连忙把自己攒下来的一点钱寄去，算是入了正道，就更是自命不凡起来，而且还就地收了两个门徒。

甚惋惜的是，那两位好友其中之一给拉了壮丁，一个的媳妇给保长奸污受屈，我给他俩报了仇，就悄悄地离开了那个值得回忆的地方，不能再回去了。

在另一个地方遇见了一对夫妇，他们善心地收留我，把我当作自己的孩子一样照顾，这个家真是田园诗一样善良和优美。我就住在他们极丰富的书房里，那些书为我所有，我贪婪地吞嚼那些广阔的知识。两夫妇给我文化上的指引，照顾我受过伤的心灵，深怕伤害了我极敏感的自尊心，总是小心地用商量的口气推荐给我系统性的书本。

"你可不可以看一下威尔斯的《世界史纲》，你掌握了这一类型的各种知识，就会有一个全局的头脑。你还可以看看他写书的方法……"

"我觉得你读一点中外的历史，文化史，你就会觉得读起别的书来更有本领，更会吸收……"

"……莱伊尔的《普通地质学》和达尔文《在贝尔格军舰上的报告书》之类的书，像文学一样有趣，一个自然科学家首先是个文学家这多好！是不是？"

"……波特莱尔是个了不起的诗人，多聪明机智，是不是，但他的精神上是有病的，一个诗人如果又聪明能干，精神又健康多好！"

“不要光看故事，你不是闲人；如果你要写故事，你怎么能只做受感动的人呢？要抓住使人感动的许许多多的艺术规律，你才能够干艺术工作。你一定做得到……”

将近两年，院子的红梅花开了两次，我背着自己做的帆布行囊远远地走了，从此没有再回到那个温暖的家去。他们家的两个小孩都已长大成人，而且在通信中知道还添了一个美丽的女孩。这都是将近40年前的往事了。我默祷那些活着的和不在人世的善良的人过得好，好人迟早总是有好报的，遗憾的是，世上的许多好人总是等不到那一天……

在两位好人家里的两年，我过去短短的少年时光所读的书本一下子都觉醒了，都活跃起来。生活变得那么有意思，几乎是，生活里每一样事物，书本里都写过，都歌颂或诅咒过。每一本书都有另一本书作它的基础，那么一本一本串联起来，自古到今，成为庞大的有系统的宝藏。

以后，我拥有一个小小的书库，其中收集了从文表叔的几乎全部的著作。我不仅明白了他书中说过的话，他是那么深度地了解故乡土地和人民的感情，也反映出他青少年时代储存的细腻的观察力和丰富的语言的魅力，对以后创作起过了不起的作用。对一个小学未毕业的人来说，这几乎是奇迹；而且坚信，人是可以创造奇迹的。

抗日战争胜利后我只身来到上海，生活困难得相当可以了，幸好有几位前辈和好友的帮助和鼓舞，正如伊壁鸠鲁说过的“欢乐的贫困是美事”，工作还干得颇为起劲。先是在一个出版社的宿舍跟一个朋友住在一起，然后住到一座庙里，然后又在一家中学教音乐和美术课。那地方在上海的郊区，每到周末，我就带着一些刻好的木刻和油画到上海去，给几位能容忍我当时年轻的狂放作风的老人和朋友们去欣赏。记得曾经有过一次要把油画给一位前辈看看的时候，才发现不小心早已把油画遗落在公共汽车上了。生活穷困，不少前辈总是一手接过我的木刻稿子一手就交出了私人垫的预支稿费。记得一位先生在一篇文章里写过这样的话，“大上海这么大，黄永玉这么小”，天晓得我那时才21岁。

我已经和表叔沈从文开始通信。他的毛笔蝇头行草是很著名的，我收藏了将近30年的来信，好几大捆，可惜在令人心疼的前些日子，都散失了。有关传统艺术系统知识和欣赏知识，大部分是他给我的。那一段时间，他用了许多精力在研究传统艺术，因此我也沾了不少的光。他为我打开了历史的窗子，使我有机会沐浴着祖国伟大传统艺术的光耀。在1946年或是1947年，他有过一篇长文章谈我的父母和我的行状，与其说是我的有趣的家世，不如说是我们乡土知识分子在大的历史变革中的写照。表面上，这文章有如山峦上抑扬的牧笛与江流上浮游的船歌相呼应的小协奏，实质上，这文章道尽了旧时代小知识分子，小山城相互依存的哀哀欲绝的悲惨命运。我在傍晚的大上海的马路上买到了这张报纸，就着街灯，一遍又一遍地读着，眼泪湿了报纸，热闹的街肆中没有任何过路的人打扰我，谁也不知道这哭着的孩子正读着他自己的故事。

朋友中，有一个是他的学生，我们来往得密切，大家虽穷，但都各有一套蹩脚的西装穿在身上。记得他那套是白帆布的，显得颇有精神。他一边写文章一边教书，而文章又那么好，使我着迷到了极点。人也像他的文章那么洒脱，简直是浑身的巧思。

于是我们从“霞飞路”来回地绕圈，话没说完，又从头绕起。和他同屋的是一个报社的夜班编辑，我就睡在那具夜里永远没有主人的铁架床上。床年久失修，中间凹得像口锅子。据我的朋友说，我窝在里面，甜蜜得像个婴儿。

那时候我们多年轻，多自负，时间和精力像希望一样永远用不完。我和他时常要提到的自然是“沈公”。我以为，最了解最敬爱他的应该是我这位朋友。如果由他写一篇有关“沈公”的文章，是再合适也没有的了。

在写作上，他文章里流动着从文表叔的血型，在文字功夫上他的用功使当时大上海许多老人都十分惊叹。我真是为他骄傲。所以我后来不管远走到哪里，常常用他的文章去比较我当时读到的另一些文章是不是蹩脚。

在香港，我呆了将近六年。在那里欢庆祖国的解放。与从文表叔写过许许多多的信。解放后(新中国成立后)，他是第一个要我回北京参加工作的人。不久，我和梅溪[①]背着一架相机和满满一皮挎包的钞票上北京来探望从文表叔和婶婶以及两个小表弟了。那时他的编制还在北京大学，而人已在“革命大学”学习。记得婶婶在高师附中教书，两个表弟则在小学上学。

我们呢！年轻到了家，各穿着一套咔叽布衣服，充满了简单的童稚的高兴。见到民警也务必上前问一声好，热烈地握手。

表叔的家在沙滩中老胡同宿舍。一位叫石妈妈的保姆料理家务。我们发现在北方每天三餐要吃这么多面食而惊奇不止。

我是一个从来不会深思的懒汉。因为“革大”在西郊，表叔

①[梅溪]黄永玉的爱人。

几乎是“全托”，周一上学，周末回来，一边吃饭一边说笑话，大家有一场欢乐的聚会。好久我才听说，表叔在“革大”的学习，是一个非常奇妙的日子。他被派定要扭秧歌，要过组织生活。有时凭自己的一时高兴，带了一套精致的小茶具去请人喝茶时，却受到一顿奚落。他一定有很多作为一个老作家面对新事物有所不知，有所彷徨困惑的东西，为将要舍弃几十年所熟悉用惯的东西而深感惋惜痛苦。他热爱这个崭新的世界，从工作中他正确地估计到将有一番开拓式的轰轰烈烈，旷古未有的文化大发展，这与他素来的工作方式很对胃口。他热爱祖国的土地和人民，但新的社会新的观念对于他这个人能有多少了解？这需要多么细致地分析研究而谁又能把精力花在这么微小的个人哀乐上呢？在这个大时代里多少重要的工作正等着人做的时候……

在那一段日子里，从文表叔和婶婶一点也没有让我看出在生活中所发生的重大的变化。他们亲切地为我介绍当时还健在的写过《玉君》的杨振声先生，写过《莫须有先生坐飞机以后》的废名先生，至今生气勃勃，老当益壮的朱光潜先生，冯至先生。记得这些先生当时都住在一个大院子里。

两个表弟那时候还戴着红领巾，我们四人经过卖冰棍摊子时，他们还客气地做出少先队员从来不嗜好冰棍的样子，使我至今记忆犹新。现在他们的孩子已经跟当时的爸爸一般大了，真令人唏嘘……

我们在北京住了两个月不到就返回香港，通信中知道表叔已在“革大”毕业，并在历史博物馆开始新的工作。

两年后，我和梅溪就带着 7 个月大的孩子坐火车回到北京。

那是北方的二月天气。火车站还在大前门东边，车停下来，一个孤独的老人站在月台上迎接我们。我们让幼小的婴儿知道:“这就是表爷爷啊!”

从南方来,我们当时又太年轻,什么都不懂,只用一条小小的薄棉绒毯子包裹着孩子,两只小光脚板露在外边,在广东,这原是很习见的做法,却吓得老人大叫起来:

“赶快包上,要不然到家连小脚板也冻掉了……”

从文表叔18岁的时候也是从前门车站下的车,他说他走出车站看见高耸的大前门时几乎吓坏了!

“啊!北京,我要来征服你了……”

时间一晃,半个世纪过去了。

比他晚了十年,我已经28岁才来到北京。

时间是1953年2月。

我们坐着古老的马车回到另一个新家,北新桥大头条11号,他们已离开沙滩中老胡同两年多了。在那里,我们寄居下来。

从文表叔一家老是游徙不定。在旧社会他写过许多小说,照一位评论家的话说:“叠起来有两个等身齐”。那么,他该有足够的钱去买一套四合院的住屋了,没有;他只是把一些钱买古董文物,一下子玉器,一下子宋元旧锦,明式家具……精精光。买成习惯,也送成习惯,全搬到一些博物馆和图书馆去。有时连收条也没打一个。人知道他无所谓,索性捐赠者的姓名也省却了。

现在租住下的房子很快也要给迁走的。所以住得很匆忙,很不安定,但因为我们到来,他就制造一副长住的气氛,免得我们年轻的远客惶惑不安。晚上,他陪着我刻木刻,看刀子在木板上运行,逐渐变成一幅画。他为此而兴奋,轻声地念叨一些鼓励的话……

他的工作是为展品写标签，无须乎用太多的脑子。但我为他那精密之极的脑子搁下来不用而深深惋惜。我多么不了解他，问他为什么不写小说；粗鲁的逼迫有时使他生气。

一位我们多年尊敬的，住在中南海的同志写了一封信给他，愿意为他的工作顺利出一点力气。我从旁观察，他为这封回信几乎考虑了三四年，事后恐怕始终没有写成。凡事他总是想得太过朴素，以致许多年的话不知从何谈起。

保姆石妈妈的心灵的确像块石头。她老是强调从文表叔爱吃熟猪头肉夹冷馒头。实际上这是一种利用老人某种虚荣心的鼓励，而省了她自己做饭做菜的麻烦。从文表叔从来是一位精通可口饭菜的行家，但他总是以省事为宜，过分的吃食是浪费时间。每次回家小手绢里的确经常胀鼓鼓地包着不少猪头肉。

几十年来，他从未主动上馆子吃过一顿饭，没有这个习惯。当他得意地提到有限的几次宴会时——徐志摩、陆小曼结婚时算一次，郁达夫请他吃过一次什么饭算一次，另一次是他自己结婚。我没有听过这方面再多的回忆。那些日子距今，实际上已有半个世纪。

借用他自己的话说：

“美，总不免有时叫人伤心……”

什么力量使他把湘西山民的朴素情操保持得这么顽强。真是难以相信，对他自己却早已习以为常。

我在中央美术学院教学的工作一定，很快地找到了住处，是在北京东城靠城边的一个名叫大雅宝的胡同，宿舍很大，一共三进院子。头一间房子是李苦禅夫妇和他的岳母，第二间是董希文一家，第三间是张仃夫妇。然后是第二个院子，第一家是我们，第二家是柳维和，第三家是程尚仁。再是第三个院子，第一家是李可染，第二家是范志超，第三家是袁迈，第四家是彦涵，接着就是后门了。院子大约有大大小小三十多个孩子。一来我们是刚从香港回来的，行动和样子都有点古怪，引起他们的兴趣；再就是平时我喜欢跟孩子一道，所以我每天要有一部分时间跟他们在一起。我带他们一道玩，排着队，打着扎上一条小花手绢的旗帜上公园去。现在，这些孩子都长大了，经历过不少美丽和忧伤的日子。直到现在，我们还保持了很亲密的关系。

我搬家不久，从文表叔很快也搬了家，恰好和我们相距不远。他们有三间房，朝南都是窗子，卧室北窗有一棵枣树横着，映着蓝天，真是令人难忘。

儿子渐渐长大了，每隔几天三个人就到爷爷家去一趟。爷爷有一具专装食物的古代金漆柜子，儿子一到就公然地面对柜子站着，直到爷爷从柜子里取出点什么大家吃吃为止。令人丧气的是，吃完东西的儿子马上就嚷着回家，为了做说服工作每一次都要花很多工夫。

从文表叔满屋满床的画册书本，并以大字报的形式把参考用的纸条条和画页都粘在墙上。他容忍世界上最噜苏的客人的马拉松访问，尤其仿佛深怕他们告辞，时间越长，越热情越精神的劲头使我不解，因为和我对待生熟朋友的情况竟如此相似。

有关于民族工艺美术及其他史学艺术的著作一本本出来了，天晓得他用什么时间写出来的。

婶婶像一位高明的司机，对付这么一部结构很特殊的机器，任何情况都能驾驶在正常的生活轨道上，真是神奇之至。两个人几乎是两个星球上来的人，他们却巧妙地走在一道来了。没有婶婶，很难想象生活会变成什么样子，又要严格，又要容忍。她除了承担全家运行着的命运之外，还要温柔耐心引导这长年不驯的山民老艺术家走常人的道路。因为从文表叔从来坚信自己比任何平常人更平常，所以形成一个几十年无休无止的学术性的争论。婶婶很喜欢听我讲一些有趣的事和笑话，往往笑得直不起身。这里有一个秘密，作为从文表叔文章首席审查者，她经常为他改许多错别字。婶婶一家姐妹的书法都是非常精彩的，但她谦虚到了腼腆的程度，面对着称赞往往像是身体十分不好受起来，使人简直不忍心再提起这件事。

那时候，《新观察》杂志办得正起劲，编辑部的朋友约我为一篇文章赶着刻一幅木刻插图。那时候年轻，一晚上就交了卷。发表了，自己也感觉弄得太仓促，不好看。为这幅插图，表叔特地来家里找我，狠狠地批了我一顿：

"你看看，这像什么？怎么能够这样浪费生命？你已经30岁了。没有想象，没有技巧，看不到工作的庄严！准备就这样下去？……好，我走了……"

给我的打击是很大的。我真感觉羞耻。将近30年，好像昨天说的一样，我总是提心吊胆想到这些话，虽然我已经56岁了。

在从文表叔家，常常碰到一些老人。金岳霖先生、巴金先生、李健吾先生、朱光潜先生、曹禺先生和卞之琳先生。他们相互间的关系温存得很，亲切地谈着话，吃着客人带来的糖食。印象较深的是巴老伯（家里总那么称呼巴金先生），他带了一包鸡蛋糕来，两个老人面对面坐着吃这些东西，缺了牙的腮帮动得很滑稽，一面低声地品评这东西不如另一家的好。巴先生住在上海，好些时候才能来北京一次，看这位在文学上早已敛羽的老朋友。

金岳霖先生的到来往往会使全家沸腾的。他一点也不像在这世纪初留学英国的洋学生，而更像哪一家煤厂的会计老伙计。长长的棉袍，扎了腿的棉裤，尤其怪异的是头上戴的罗宋帽加了个自制的马粪纸帽檐，里头还贴着红纸，用一根粗麻绳绕在脑后捆起来。金先生是从文表叔的前辈，表弟们都叫他“金爷爷”。这位哲学家来家时不谈哲学，却从怀里掏出几个奇大无匹的苹果来和表弟家里的苹果比赛，看谁的大(当然就留下来了)。或者和表弟妹们大讲福尔摩斯。老人们的记忆力真是惊人，信口说出的典故和数字，外行几乎不大相信其中的准确性。

表叔自己记性也非常好，但谈论现代科学所引用的数字明显地不准确，问题在聊天，孩子们却很认真，抓着辫子就不放手，说爷爷今天讲的数字很多相似。表叔自己有时发觉了也会笑起来说:“怎么我今天讲的全是‘七’字?”(七十辆车皮，七万件文物，七百名干部调来搞文物，七个省市……)

“文化大革命”时，那些“管”他的人员要他背《毛主席语录》，他也是一筹莫展。

我说他的非凡的记忆力，所有和他接触过的年轻朋友是无有不佩服的。他曾为我开过一个学术研究的一百多个书目，注明了出处和卷数以及大约页数。

他给中央美院讲过古代丝绸锦缎课，除了随带的珍贵古丝绸锦缎原件之外，几乎是空手而至，站在讲台上把近百的分期的断代信口讲出来。

他那么热衷于文物，我知道，那就离开他曾经朝夕相处近四十年的小说生涯越来越远了。解放后出版的一本《沈从文小说选集》序言中有一句话：

“我和我的读者都行将老去。”

听起来真令人伤感……

有一年我在森林，我把森林的生活告诉他，不久就收到他一封毛笔蝇头行草的长信，他给我三点自己的经验：

一、充满爱去对待人民和土地。二、摔倒了，赶快爬起来往前走，莫欣赏摔倒的地方耽误事，莫停下来哀叹。三、永远地、永远地拥抱自己的工作不放。

这几十年来，我都尝试着这么做。

有时候，他也讲俏皮话——

“有些人真奇怪，一辈子写小说，写得好是应该的，不奇怪；写得不好倒真叫人奇怪。”

写小说，他真是太认真了，十次、二十次地改。文字音节上，用法上，一而再地变换写法，薄薄的一篇文章，改三百回根本不算一回事。

“文化大革命”开始了。

我们两家是颠簸在波浪滔天的大海中的两只小船，相距那么远，各有各的波浪。但我们总还是找得到巧妙的机会见面。使我惊奇的是，从文表叔非常坚强洒脱，每天接受批斗之外，很称职地打扫天安门左边的历史博物馆的女厕所（对年纪大的老人比较放心）。

真是人人熟悉的一段漫长的经历。

我的爱人也变了另一个样，过去从学校到学校，没有离开过家门，连老鼠也害怕的人，居然帮着几家朋友处理起家务来了。

表叔一生几十年收藏的心爱的书、家具，满堆在院子里任人践踏，日晒雨淋。由我爱人一个决心，论斤地处理掉了。骑着自行车，这家料理，那家帮忙，简直是一反常态。锻炼得很了不起的精明能干，把几家人的担子全挑在肩膀上，过了这么些年。

我们一有机会就偷偷地见面。也有大半年没有见面的时候，但消息总是非常灵通的。

生活变化多端，有一个规律常常使我产生信仰似的尊敬。那就是真正的痛苦是说不出口的，且往往不愿说。比如，在战场上，身旁的战友突然死去，看谁口头细致地对人描述过这些亲身的经历，那个逐渐走近死亡的战友的痛苦煎熬的过程？这几乎是不可能的。描述总有个情感能承受的极限。它不牵涉到描述才能问题。

聪明的莱辛把这个道理在艺术理论范畴里阐述得很透彻(见《拉奥孔》)，但有一点我还在考虑，照他说：

“为什么拉奥孔在雕刻里不哀号，而在诗里却哀号?”又说：

“为什么诗不受上文的局限?”

依我看，莱辛和他列举的诸般中外诗人是不是经历过痛苦的极限的生活？我不知道；知道了，肯不肯写到头，那又是一回事。用现实生活印证，雕塑和诗的描写深广度应该是一致的。

从文表叔一家和我们一家在那段年代的生活，我就不想说得太多了。因为这不仅仅是我们两家的事。在太具体、太现实的“考验”面前，往往我们的生活变得非常抽象，只靠一点点脆弱的信念活下去，既富于哲理，也极端蒙昧。

不久，从文表叔就下乡了。走之前，他把他积留下来的一点点现金，分给所有的孩子们，我们也得到一份。这真是一个悲壮的骊歌。他已经相信，再也不可能回到多年生活过的京华了。

他走得非常糊涂，到了湖北咸宁，才清醒过来，原来机关动员下乡的几十个人，最后成为下乡现实的就只老弱病三个人。几乎是给一种什么迷药糊里糊涂弄到咸宁去的。真用得上“彷徨”两个字。那么大的机关只来一个老高知和另外二老弱病，简直不成气候。吊儿郎当。谁也不去理会他，他也管不着任何人。

幸好，我说幸好是婶婶较早三个月已跟着另一个较齐整的机构到了咸宁，从文表叔作为“家属”被“托”在这个有点慈善劲头的机构里，过了许多离奇的日子。在这多雨泥泞遍地的地方，他写信给我时，居然说：

“……这儿荷花真好，你若来……”

天晓得！我虽然也在另一个倒霉的地方，倒真想找个机会到他那儿去看一场荷花……

在这场“文化大革命”中，他的确是受到锻炼，性格上撒开了，“七十而从心所欲，不逾矩”，派他看菜园子，“……牛比较老实，一轰就走；猪不行，狡诈之极，外像极笨，走得飞快。貌似走了，却冷不防又从身后包抄转来，……”还提到史学家唐兰先生在嘉鱼大江边码头守砖，钱钟书先生荣任管仓库钥匙工作，吴世昌先生又如何如何……每封信充满了欢乐情趣，简直令人忌妒。为那些没有下去的人深感惋惜。

这段时间，仅凭记忆，写下了的《中国服装史》稿的补充材料。还为我的家世写了一个近两万余字的“楔子”。《中国服装史》充满着灿烂的文采，严密的逻辑性，以及美学价值，以社会学、历史唯物主义的角度阐明艺术的发展和历史趋势（这部巨型图录性的著作得到中央领导同志的关注，不久恐将问世）。那个

“楔子”，从文表叔如果在咸宁多呆上五年，就会连接成一部几十万字的长篇小说，当然，留下那个“楔子”就已经很好，我宁愿世界没有这部未完成的小说，也不希望从文表叔在咸宁多呆上一天。在那种强作欢悦的忧郁生活中，对一位具有细腻心地的老年人说来，是不适宜维持过久的。

咸宁有个地方也叫双溪，当然跟金华的那个双溪是两码事，从文表叔呆在那里不少日子了。我几次地想在信上提一提李清照的《武陵春词》：“……闻说双溪春尚好，也拟泛轻舟，只恐双溪舴艋舟，载不动，许多愁。”都深感自己可耻的残忍。这不是诗情大发的时候！

几年之后，我们全家在北京站为表叔举行一个充满温暖的归来仪式。“楔子”不必继续写下去了，“要爷爷，不要‘红楼梦’！”（孩子们把那部未完成的小说代号为“红楼梦”），能够健康地回来，比一切都好。

原来的三间房子已经变成一间，当然，比一切都没有要好得多。回忆前几年的生活，谁不珍惜眼前的日子呢？

再过半年，婶婶作为退休也回来了，和从文表叔得到一些关心，在另一条二里远的胡同里，为他们增加了一个房间。要知道，当时关心人的人，自己的生活也是颇不稳定的，所以这种微薄的照顾是颇显得具有相濡以沫的道义的勇气和美感的。于是，表叔婶一家就有了一块“飞地”了，像以前的东巴基斯坦和西巴基斯坦一样。从文表叔在原来剩下的那间房间里为所欲为，写他的有关服装史和其他一些专题性的文章，会见他那批无止无休的不认识的客人。把那小小的房间搅得天翻地覆，无一处不是书，不是图片，不是零零碎碎的纸条。任何人不能移动，乱中有致，心里明白，物我混为一体。床已经不是睡觉的床，一半堆随手应用的图书。桌子只有稍微用肘子推一推才有地方写字。夜晚，书躺在躺椅上，从文表叔就躺在躺椅上的书上。这一切都极好，十分自然。恩格斯说过："……除了真实的细节之外，还应该注意典型环境的典型性格……"在这里，创作的三个重要元素都具备了。

不管是冬天或夏天的下午五点钟，认识这位"飞地"总督的人，都有机会见到他提着一个南方的带盖的竹篮子，兴冲冲地到他的另一个"飞地"去。他必须到婶婶那边去吃晚饭，并把明早和中午的两餐饭带回去。

冬天尚可，夏天天气热，他屋子特别闷热，带回去的两顿饭很容易变馊的。我们担心他吃了会害病。他说：

"我有办法！"

"什么办法？"因为我们家里也颇想学习保存食物的先进办法。

"我先吃两片消炎片。"

…………

…………

从文表叔许许多多回忆，都像是用花朵装点过的，充满了友谊的芬芳。他不像我，我永远学不像他，我有时用很大的感情去咒骂、去痛恨一些混蛋。他是非分明，有泾渭，但更多的是容忍和原谅。所以他能写那么好的小说。我不行，愤怒起来，连稿纸也撕了，扔在地上践踏也不解气。但我们都是故乡水土养大的子弟。

18 岁那年，他来到北京找他的舅舅——我的祖父。那位老人家当时在帮熊希龄[①]搞香山慈幼院的基本建设工作住在香山，论照顾，恐怕也没有多大的能力。从文表叔据说就住在城里的湖南会馆面西的一间十分潮湿长年有霉味的小亭子间里。到冬天，那当然是更加凉快透顶的了。

下着大雪，没有炉子，身上只两件夹衣，正用旧棉絮裹住双腿，双手发肿、流着鼻血在写他的小说。

敲门进来的是一位清瘦个子而穿着不十分讲究的，下巴略尖而眯缝着眼睛的中年人。

“找谁?”

“请问，沈从文先生住在哪里?”

“我就是。”

“哎呀……你就是沈从文……你原来这么小。……我是郁达夫，我看过你的文章，好好地写下去……我还会再来看你。……”

听到公寓大厨房炒菜打锅边，知道快开饭了。“你可吃包饭?”

“不。”

邀去附近吃了顿饭，内有葱炒羊肉片，结账时，一共约一元七角多，饭后两人又回到那个小小住处谈谈。

郁达夫走了，留下他的一条浅灰色羊毛围巾和吃饭后五元钞票找回的三元二毛几分钱。表叔俯在桌上哭了起来。

…………

…………

从文表叔有时也画画，那是一种极有韵致的妙物，但竟然不承认那是正式的作品，很快地收藏起来，但有时又很豪爽地告诉

---

①[熊希龄(1870—1937)]出生于湖南湘西凤凰，祖籍江西丰城石滩。著名的教育家、社会活动家、实业家和慈善家。

我，哪一天找一些好纸给你画些画。我知道，这种允诺是不容易兑现的。他自然是极懂画的。他提到某些画，某些工艺品高妙之处，我用了许多年才醒悟过来。

他也谈音乐，我怀疑七个音符组合的常识他清不清楚。但是明显地他理解音乐的深度，用文学的语言却阐述得非常透彻。

“音乐、时间和空间的关系。”

他也常常说，如果有人告诉他一些作曲的方法，一定写得出非常好听的音乐来。这一点，我特别相信，那是毫无疑义的。但我的孩子却偷偷地笑爷爷吹牛，他们说：自然咯！如果上帝给我肌肉和力气，我就会成为大力士。

孩子们不懂的是，即使有了肌肉和力气的大力士，也不一定是个杰出的智慧的大力士。

…………

…………

契诃夫说过写小说的极好的话：

“好与坏都不要叫出声来。”

这几乎是搞文学的基本规律和诀窍，也标志了文学的深广度和难度。

从文表叔的书里从来没有——美丽呀！雄伟呀！壮观呀！幽雅呀！悲伤呀！……这些词藻的泛滥，但在他的文章里，你都能感觉到它们的恰如其分的存在。

他的一篇小说《丈夫》，我的一位从事文学几十年的和从文表叔没见过面的前辈，十多年前读到之后，深受感动。他说：

“……这篇小说真像普希金说过的，‘伟大的俄罗斯的悲哀’。”……

…………

…………

跟表叔的第三次见面是最令人难忘的了。经历的生活是如此漫长、如此浓郁，那么彩色斑斓；谁也没有料到，而恰好就把我们这两代表亲拴在一根小小的文化绳子上，像两只可笑的蚂蚱，在崎岖的道路上作着一种逗人的跳跃。

我们那个小小山城不知由于什么原因，常常令孩子们产生奔赴他乡的献身的幻想。从历史角度看来，这既不协调且充满悲凉，以致表叔和我都是在十二三岁时背着小小包袱，顺着小河，穿过洞庭去“翻阅另一本大书”的。

1979 年 12 月 31 日

/ 荐读 /

《太阳下的风景》一文让我们隐隐地看到了沈从文先生的后半生，推荐同学们课余再读复旦大学张新颖教授的著作《沈从文的后半生》。这部传记呈现了沈从文后半生漫长而未曾中断的精神活动。透过这部传记，我们可以看到，在时代的剧烈变动中，一个平凡的生命以柔弱的方式显现的强大勇气和信心，一个“有情”的知识者对历史文化长河的深沉而庄严的爱。

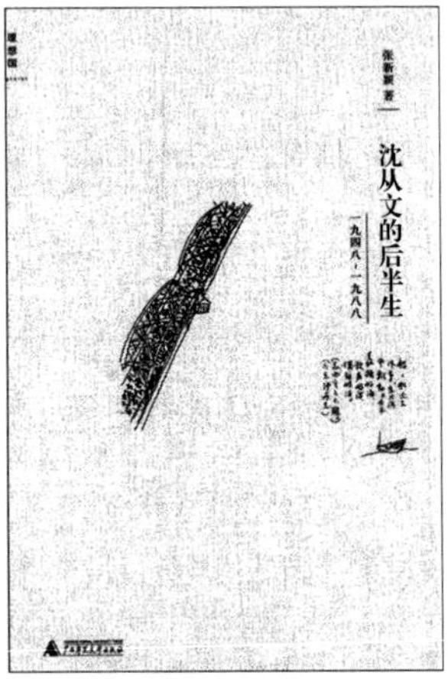

书　　名：沈从文的后半生
作　　者：张新颖
出版信息：广西师范大学出版社 2014 年版

演唱生涯①

毕飞宇

/**导读**/ 你能想象一个作家正经八百地拜师学唱歌吗？你知道毕飞宇学唱歌是什么样子吗？我只能告诉你，很好玩。

是哪根筋搭错了呢？1990 年，我二十六岁的那一年，突然迷上唱歌了。

1990 年总是特殊的，你不知道自己还能干些什么，而我对我的写作似乎也失去了信心。可我太年轻，总得做点什么。就在那样的迷惘里，我所供职的学校突然搞了一次文艺会演。会演行将结束的时候，我的同事，女高音王学敏老师，她上台了。她演唱的是《美丽的西班牙女郎》。她一开腔就把我吓坏了，这哪里还是我熟悉的那个王学敏呢？礼堂因为她的嗓音无缘无故地恢宏了，她无孔不入，到处都是她。作为一个没有见过世面的乡下人，我意外地发现人的嗓音居然可以这样，拥有不可思议的马力，想都不敢想。

我想我蠢蠢欲动了。大约过了一个星期，我悄悄来到了南京艺术学院，我想再考一次大学，我想让我的青春重来一遍。说明情况之后，南艺的老师告诉我，你已经本科毕业了，不能再考

①选自《黎明即起：2013 笔会文粹》，文汇报笔会编辑部编，文汇出版社 2014 年版。毕飞宇，1964 年生，江苏兴化人，中国现代作家，作品有《玉米》《平原》《青衣》《推拿》等。

了。我又来到了南京师范大学，得到的回答几乎一样。我至今都能记得那个阴冷的午后，一个人在南师大的草坪上徘徊。我不会说我有多痛苦，只是麻木。我怎么就不痛苦的呢？

可我并没有死心。终于有那么一天，我推开了王学敏老师的琴房。所谓琴房，其实就是一间四五平米的小房子，贴墙放着一架钢琴。王学敏老师很吃惊，她没有料到一个教中文的青年教师会出现在她的琴房里，客气得不得了，还“请坐”。我没有坐，也没有绕弯子。我直接说出了我的心思，我想做她的学生。

我至今还记得王学敏老师的表情，那可是1990年，唱歌毫无“用处”，离“电视选秀”还有漫长的十五年呢。她问我“为什么”，她问我“有没有基础”。当然，她没有谈“费用”的事，那时候，金钱还是一个遥不可及的概念，甲乙双方都羞于启齿。

我没有“为什么”。如果一定要问为什么，我只能说，在二十岁之前，许多人都会经历四个梦：一是绘画的梦，你想画；一是歌唱的梦，你想唱；一是文学的梦，你想写；一是哲学的梦，你要想。这些梦会出现在不同的年龄段里，每一个段落都很折磨人。我在童年时代特别梦想画画，因为实在没有条件，这个梦只能自生自灭；到了少年时代，我又渴望起音乐来了，可一个乡下孩子能向谁学呢？又到哪里学呢？做一个乡下孩子没有什么可抱怨的。然而，如果你的学习欲望过于亢奋，你会觉得你是盛夏里的狗舌头，活蹦乱跳，无滋无味，空空荡荡。

我在音乐方面的“基础”是露天电影留给我的，大约在八九岁之后，我在看电影的时候多了一个习惯，关注电影的电影音乐。我不识谱，但是我有很强的背谱能力——电影的主题音乐大多是循环往复的，一场电影看下来，差不多也就能记住了。

我母亲任教的那所小学有一把二胡，看完了电影之后，我就把二胡从墙上取下来，依照我的记忆，一个音、一个音地摸。摸上几天，也能“顺”下来。可我并不知道二胡一共有七个“把位”，我只会使用一种，52弦。这一来麻烦了，每一首曲子都有几个音符对不上，你怎么摸都摸不到，这很要命。旋律进行得好好的，一个音突然“跑”了，不是高，就是低，真是说不出的别扭。我问过许多人，也没人知道这是为什么。他们说，其实也“差不多”。可音乐没有差不多，这是音乐特别不讨喜的地方，它较劲、苛刻，没有半点宽容，你要是跑调了，听的人会想死——我的“基础”就这些了。

王学敏老师还是收下我了。她打开她的钢琴，用她的指尖戳了戳中央C，是1(do)，让我唱。说出来真是丢人，每一次我都走调。王老师只能视唱：“1——”这样我就找到了。王学敏老师对我的耳朵极度失望，她的眼神和表情都很伤我的自尊，可我就是不走，我想我的脸皮实在是厚到家了。王老师没有把我轰出去，也无非是碍于“同事的情面”。

对初学者来说，声乐最重要的一件事是“打开”，它必须借助于腹式呼吸。说出来真是令人绝望，王老师告诉我，婴儿在号哭的时候用的都是腹式呼吸，狗在狂吠的时候也是这样。因为“说话”，人类的发音机制慢慢地改变了，胸腔呼吸畅通了，腹式呼吸却闭合了。所谓“打开”，就是回到人之初。一旦“打开”，不仅音色变得圆润，音量还可以变得嘹亮，只要趴在地上，完全有能力与狗对抗。我们身体的内部隐藏了多少好玩意，全让我们自己弄丢了。

我已经用胸腔呼吸了二十六年了，要改变一个延续了二十六年的一个生理习惯，这实在不是一件容易的事。王老师不厌其烦，一天又一天，一个星期又一个星期，她一遍又一遍地给我示范，我就是做不到。王老师也有按捺不住的时候，发脾气，她会像训斥一个笨拙的学生那样拉下脸来。是的，我早就错过学习声乐的最佳时机了，除了耐心，我毫无办法。老实说，作为同事，被另一个同事这样训斥，心理上极其痛苦。我得熬过去。

每天起床之后，依照老师的要求，我都要做一道功课，把脖子仰起来，唱"泡泡音"。——这是放松喉头的有效方法。除了唱"泡泡音"，放松喉头最有效的方法是睡眠。行话是这么说的："歌唱家都是睡出来的"，和爱情是"睡出来的"其实是一个道理。可是，因为写作，我每天都在熬夜，睡眠其实是得不到保证的。王老师不允许我这样。我大大咧咧地说："没有哇，我睡得挺好的。"王学敏把她的两只巴掌丢在琴键上，"咚"地就是一下。王老师厉声说："再熬夜你就别学！"后来我知道了，谎言毫无疑义，一开口老师就知道了，我的气息在那儿呢。我说，我会尽可能调整好。——我能放弃我的写作么？不能。因为睡眠，写作和歌唱成了我的左右手，天天在掰手腕。

如果有人问我，你所做过的最为枯燥的一件事情是什么，我的回答无疑是练声。"练声"，听上去多么的优雅，可文艺了，很有范儿了，还浪漫呢。可说白了，它就是一简单的体力活。其实就是两件事：咪，还有嘛。你总共只有两个楼梯，沿着"咪"爬上去、爬下来，再沿着"嘛"爬上去、爬下来。咪——嘛——；咪咪咪，嘛嘛嘛；咪～～嘛～～。我这是干什么呢？我这是发什么癔症呢？回想起来，我只能说，单纯的爱就是这样，投入，忘我，没有半点功利，它就是"发癔症"。

王学敏老师煞费苦心了。她告诉我，“气”不能与喉管摩擦，必须自然而然地从喉管里“流淌”出来。她打开了热水瓶的塞子，她让我盯着瓶口的热气，看，天天盯着看。为了演示“把横膈膜拉上去”，她找来了一只碗，放在水里，再倒过来，让我拿着碗往上“拔”，这里头有一种矛盾的、等张的力量，往上“拔”的力量越大，往下“拽”的力量就一样大。是的，艺术就是这样，上扬的力量有多少，下沉的力量就有多少。老实说，就单纯的理解而言，这些都好懂。我能懂。我甚至想说，有关艺术的一切问题都不复杂，都在“好懂”的范畴之内——这就构成了艺术内部最大的一个隐秘：在“知识”和“实践”之间，有一个神秘的距离。有时候，它天衣无缝；有时候呢，足以放进一个太平洋。

小半年就这样过去了，我还是没有能够“打开”。我该死的声音怎么就打不开的呢？用王老师的话说，叫“站不起来”。王学敏老师在琴房里急得团团转。我估计，她用一把斧头把我劈(打)开来的心思都有了。终于有那么一天，在一个刹那里头，我想我有些走神，我的喉头正处在什么位置上呢？王老师突然大喊了一声：“对了对了，对了对了！”怎么就对了呢？我有些措手不及。二十六年前，当我第一次嚎哭的时候，我身体的发音状况就是这样的么？我不可能记得的。我只是知道，经过不懈的努力，我发明了一种极其亲切的回忆。难怪博尔赫斯说：“不是历史照亮了现在，而是现在照亮了历史。”是的，历史被照亮了，它是一条不用训练就能“打开”的狗。

哪有不急躁的初学者呢。初学者都有一个不好的心态，不会走就想跑。我给王老师提出了一个要求，想向她学唱“曲子”。王老师一口回绝了。根据我的特殊情况，王老师说：“前两年还是要打基础。”我一听“前两年”这几个字按捺不住了，那要等到什么时候呢？夜深人静的时候，我一个人来到了足球场。它是幽静的，漆黑、空旷，在等着我。我知道的，虽然空无一人，但它已然成了我的现场。我不夸张，就在这样一个漆黑而又空旷的舞台上，每个星期我都要开三四个演唱会。学生宿舍和教工宿舍离足球场不远，我想我的歌声是可以传递过去的，因为他们的声音也可以传递过来。传递过来的声音是这样的：“他妈的，别唱了！”

别唱？这怎么可能，我做不到。唱歌是一件很特别的事情，一首曲子你就可以上瘾，你停不下来。我的心想唱，我的身体也想唱。不唱不行的。

可我毕竟又不是唱歌，那是断断续续的，每一个句子都要分成好几个段落，还重复，一重复就是几遍、十几遍。不远处的宿舍一定被我折磨惨了——谁也受不了一个疯子在深夜的骚扰。他们只是不知道，那个疯子就是我。

事实上，我错了。他们知道。每个人都知道。我问他们，你们是怎么知道的？一个年纪偏大的女生告诉我，这有什么呀，大白天走路的时候你也会突然撂出一嗓子，谁不知道？就你自己不知道。很吓人的，毕老师。我们都叫你“百灵鸟”呢。

我不怎么高兴。我怎么就成“百灵鸟”了？一天夜里我终于知道了。王学敏老师有一个代表作，《我爱你，中国》，第一句就是难度很大的高音——“百灵鸟从蓝天飞过”。有时候我也唱的。当我铆足了高音唱出“百灵鸟”的时候，嗨，可不是百灵鸟么。

写到这里我其实有点不好意思，回过头来看，我真的有些疯魔。我一个当老师的，大白天和同学们一起走路，好好的，突然就来了一嗓子，无论如何这也不是一个恰当的行为。可我当时是不自觉的，说情不自禁也不为过。难怪有不少学生很害怕我，除了课堂和操场，你根本不知道那个老师的下一个举动是什么，做学生的怎么能不害怕呢。我要是学生我也怕。

一年半之后，我离开了南京特殊师范学校（现称南京特殊教育师范学院），去了《南京日报》。我的生活彻底改变了，我的演唱生涯到此结束。我去看望我的王老师，王老师有些失望。她自己也知道，她不可能把我培养成“毕学敏”，但是，王老师说：“可惜，都上路了。”

前些日子，一个学生给我打来电话，我正在看一档选秀节目，附带着就说起了我年轻时候的事。学生问：“如果你是这个时代的年轻人，你会不会去参加？”我说我会。学生很吃惊了，想不到他的“毕老师”也会这样“无聊”。这怎么就无聊的呢？这一点也不无聊。事情往往就是这样，不经历“难以自拔”的人永远也不能理解，有些人来到这个世界就是为了发出声音的。我喜爱那些参加选秀的年轻人，他们的偏执让我相信，生活有理由继续。我从不怀疑一部分人的功利心，可我更没有怀疑过爱。年轻的生命自有她动人的情态，沉溺，旁若无人，一点也不绝望，却更像在绝望里孤独地挣扎。

二十多年过去了，我再也没去王老师的琴房上过一堂声乐课。说到这里我必须老老实实地承认，我其实并没有学过声乐，充其量也就练过一年多的“咪”和“嘛”。因为长期的熬夜，更因为无度的吸烟，我的嗓子再也不能打开了。拳离了手，曲离了口，我不再是一条狗了，我又“成人”了。我的生命就此失去了一个异己的、亲切的局面。——那是我生命之树上曾经有过的枝丫，挺茂密的。王老师，是我亲手把它锯了，那里至今都还有一个碗大的疤。

/ 荐读 /

毕飞宇的文字有魔力，《演唱生涯》的语言极具小说性，那他获得茅盾文学奖的小说《推拿》又会是一种怎样的语言格局？推荐同学们去读它，自己体会。

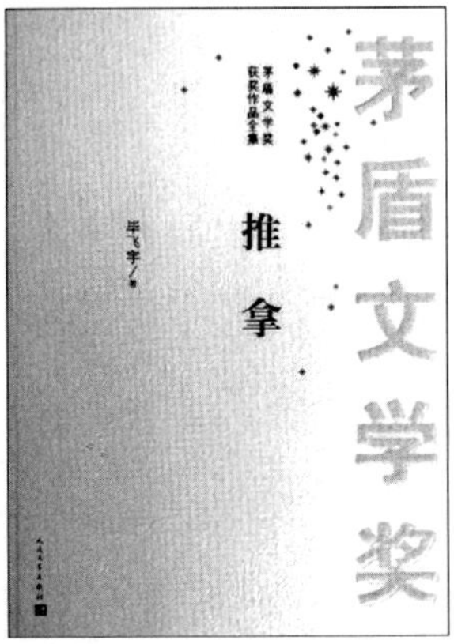

书　　名：推　拿
作　　者：毕飞宇
出版信息：人民文学出版社 2008 年版

千古文人侠客梦

刺客列传（节选）[1]

司马迁

/**导读**/ 较多以静穆风格示人的诗人陶渊明，曾在《咏荆轲》诗中热情洋溢地盛赞侠士荆轲“其人虽已没，千载有余情”。

荆轲者，卫人也。其先乃齐人，徙于卫，卫人谓之庆卿。而之燕，燕人谓之荆卿。

荆卿好读书击剑，以术说卫元君，卫元君不用。其后秦伐魏，置东郡，徙卫元君之支属于野王。荆轲尝游过榆次，与盖聂论剑，盖聂怒而目之。荆轲出，人或言复召荆卿。盖聂曰：“曩者[2]吾与论剑有不称[3]者，吾目之。试往，是宜去，不敢留。”使使往之主人[4]，荆卿则已驾而去榆次矣。使者还报，盖聂曰：“固去也，吾曩者目摄之[5]！”

荆轲游于邯郸，鲁勾践与荆轲博[6]，争道[7]，鲁勾践怒而叱之，

---

①选自《史记·刺客列传》，韩兆琦等评注，岳麓书社2004年版。司马迁（前145或前135—?），字子长，今陕西韩城人，西汉史学家，创作了中国第一部纪传体通史《史记》。

②[曩(nǎng)者]昔者，此处指刚才。

③[不称(chèn)]不合适，不合格。

④[主人]房东、店家。

⑤[目摄之]瞪眼吓唬他。摄：同“慑”。

⑥[博]类似下棋的一种游戏。

⑦[道]棋盘上的格。

荆轲嘿[①]而逃去，遂不复会。

荆轲既至燕，爱燕之狗屠及善击筑者高渐离。荆轲嗜酒，日与狗屠及高渐离饮于燕市。酒酣以往，高渐离击筑，荆轲和而歌于市中，相乐也。已而相泣，旁若无人者。荆轲虽游于酒人乎，然其为人沉深好书，其所游诸侯，尽与其贤豪长者相结。其之燕，燕之处士[②]田光先生亦善待之，知其非庸人也。

居顷之，会燕太子丹质秦亡归燕[③]。燕太子丹者，故尝质于赵，而秦王政生于赵，其少时与丹欢。及政立为秦王，而丹质于秦，秦王之遇燕太子丹不善，故丹怨而亡归。归而求为报秦王者，国小，力不能。其后秦日出兵山东，以伐齐、楚、三晋[④]，稍蚕食诸侯，且至于燕，燕君臣皆恐祸之至。太子丹患之，问其傅[⑤]鞠武。武对曰："秦地遍天下，威胁韩、魏、赵氏。北有甘泉、谷口之固，南有泾、渭之沃，擅巴、汉之饶，右陇、蜀之山，左关、崤之险，民众而士厉[⑥]，兵革有馀。意有所出，则长城之南，易水以北[⑦]，未有所定[⑧]也。奈何以见陵之怨，欲批其逆鳞哉！"丹曰："然则何由？"对曰："请入图[⑨]之。"

居有间，秦将樊於期得罪于秦王，亡之燕。太子丹受而舍之。鞠武谏曰："不可。夫以秦王之暴，而积怒于燕，足为寒心；

---

①[嘿(mò)]同"默"。

②[处(chǔ)士]隐居者，有才德而不肯居官的人。

③[质秦亡归燕]质秦：在秦国当人质。亡：逃跑。

④[三晋]指韩、赵、魏三国。

⑤[傅]官名，此处是"太傅"的省称。

⑥[厉]磨练，训练。这里指勇敢、有锐气。

⑦[长城之南，易水以北]燕国全境。

⑧[未有所定]未有定所，没有一点安稳的地方。

⑨[请入图之]请进一步考虑考虑。入：深入，进一步。

又况闻樊将军之所在乎？是谓‘委肉当饿虎之蹊[①]’也，祸必不振[②]矣！虽有管、晏，不能为之谋也。愿太子疾遣樊将军入匈奴以灭口[③]，请西约三晋，南连齐、楚，北购[④]于单于，其后乃可图也。”太子曰：“太傅之计，旷日弥久，心惛然[⑤]，恐不能须臾。且非独于此也，夫樊将军穷困于天下，归身于丹，丹终不以迫于强秦而弃所哀怜之交，置之匈奴。是固丹命卒之时也，愿太傅更虑之。”

鞠武曰：“夫行危欲求安，造祸而求福，计浅而怨深，连结一人之后交[⑥]，不顾国家之大害，此所谓资怨而助祸[⑦]矣。夫以鸿毛燎于炉炭之上，必无事矣。且以雕鸷之秦，行怨暴之怒，岂足道哉！燕有田光先生，其为人智深而勇沉，可与谋。”太子曰：“愿因太傅而得交于田先生，可乎？”鞠武曰：“敬诺。”

出见田先生，道：“太子愿图国事于先生也。”田光曰：“敬奉教。”乃造[⑧]焉。太子逢迎，却行为导[⑨]，跪而蔽[⑩]席。田光坐定，左右无人，太子避席[⑪]而请曰：“燕、秦不两立，愿先生留意也。”田光曰：“臣闻骐骥盛壮之时，一日而驰千里；至其衰老，驽马先之。今太子闻光盛壮之时，不知臣精已消亡矣。虽然，光不敢以图国

①[委肉当饿虎之蹊]把肉扔在饿虎要过的通道上。
②[振]拯救。
③[灭口]消除秦国进攻我国的借口。
④[购]同“媾”，媾和，讲和。
⑤[惛]同“昏”，糊涂。
⑥[后交]新交，晚交。
⑦[资怨而助祸]促进祸患的发展。
⑧[造]到，这里指造门，登门。
⑨[却行为导]主人倒退着走，在前面引导着家人。
⑩[蔽]同“襒”，拂拭。
⑪[避席]离开自己的座席，表示敬意。

事，所善荆卿可使也。”太子曰：“愿因先生得结交于荆卿，可乎？”田光曰：“敬诺。”即起趋出。太子送至门，戒曰：“丹所报、先生所言者，国之大事也，愿先生勿泄也！”田光俯而笑曰：“诺。”

偻行[①]见荆卿，曰：“光与子相善，燕国莫不知。今太子闻光壮盛之时，不知吾形已不逮也，幸而教之曰：‘燕、秦不两立，愿先生留意也。’光窃不自外，言足下于太子也。愿足下过太子于宫。”荆轲曰：“谨奉教。”田光曰：“吾闻之，‘长者为行，不使人疑之’。今太子告光曰‘所言者，国之大事也，愿先生勿泄’，是太子疑光也。夫为行而使人疑之，非节侠[②]也。”欲自杀以激荆卿，曰：“愿足下急过太子，言光已死，明不言也。”因遂自刎而死。

荆轲遂见太子，言田光已死，致光之言。太子再拜而跪，膝行流涕。有顷而后言曰：“丹所以诫田先生毋言者，欲以成大事之谋也。今田先生以死明不言，岂丹之心哉！”荆轲坐定，太子避席顿首曰：“田先生不知丹之不肖，使得至前，敢有所道，此天之所以哀燕而不弃其孤也。今秦有贪利之心，而欲不可足也。非尽天下之地，臣海内之王者，其意不厌[③]。今秦已虏韩王，尽纳其地；又举兵南伐楚，北临赵。王翦[④]将数十万之众距[⑤]漳、邺。而李信出太原、云中。赵不能支秦，必入臣；入臣，则祸至燕。燕小弱，数困于兵，今计举国不足以当秦。诸侯服秦，莫敢合从。丹之私计，愚以为诚得天下之勇士使于秦，窥[⑥]以重利，秦王贪，其

①[偻(lǚ)行]弯腰而行，见其老态龙钟。

②[节侠]有气节，讲义气的人。

③[厌]同“餍”，饱，满足。

④[王翦]秦国名将。

⑤[距]抵，到达。

⑥[窥]此处犹言“示”(使之可窥也)、诱。

势必得所愿矣。诚得劫秦王，使悉反诸侯侵地，若曹沫之与齐桓公，则大善矣；则不可，因而刺杀之。彼秦大将擅[①]兵于外，而内有乱，则君臣相疑，以其间，诸侯得合从，其破秦必矣。此丹之上愿，而不知所委[②]命，唯荆卿留意焉。”

久之，荆轲曰：“此国之大事也，臣驽下，恐不足任使。”太子前，顿首，固请毋让，然后许诺。于是尊荆卿为上卿，舍上舍。太子日造门下，供太牢具，异物间进，车骑美女恣荆轲所欲，以顺适其意。

久之，荆轲未有行意。秦将王翦破赵，虏赵王，尽收入其地，进兵北略地，至燕南界。太子丹恐惧，乃请荆轲曰：“秦兵旦暮渡易水，则虽欲长侍足下，岂可得哉！”荆轲曰：“微太子言，臣愿谒之。今行而毋信，则秦未可亲也。夫樊将军，秦王购之金千斤，邑万家。诚得樊将军首与燕督亢之地图，奉献秦王，秦王必说见臣，臣乃得有以报。”太子曰：“樊将军穷困来归丹，丹不忍以己之私而伤长者之意，愿足下更虑之！”

荆轲知太子不忍，乃遂私见樊於期，曰：“秦之遇将军可谓深[③]矣，父母宗族皆为戮没[④]。今闻购将军首金千斤，邑万家，将奈何？”於期仰天太息流涕，曰：“於期每念之，常痛于骨髓，顾计不知所出耳！”荆轲曰：“今有一言可以解燕国之患，报将军之仇者，何如？”於期乃前曰：“为之奈何？”荆轲曰：“愿得将军之首，以献秦王，秦王必喜而见臣，臣左手把其袖，右手揕

①［擅］专断。
②［委］委托。
③［深］残酷。
④［戮没］杀尽。

其匈[1]，然则将军之仇报，而燕见陵之愧除矣。将军岂有意乎？”樊於期偏袒扼腕[2]而进曰：“此臣之日夜切齿腐[3]心也，乃今得闻教！”遂自刭。

太子闻之。驰往，伏尸而哭，极哀。既已不可奈何，乃遂盛樊於期首函封[4]之。于是太子豫求天下之利匕首，得赵人徐夫人匕首，取之百金。使工以药淬之[5]，以试人，血濡缕，人无不立死者。乃装为遣荆卿。燕国有勇士秦舞阳[6]，年十三杀人，人不敢忤视[7]。乃令秦舞阳为副。

荆轲有所待，欲与俱。其人居远，未来，而为治行。顷之，未发，太子迟之，疑其改悔，乃复请曰：“日已尽矣，荆卿岂有意哉？丹请得先遣秦舞阳。”荆轲怒，叱太子曰：“何太子之遣！往而不返者，竖子也。且提一匕首入不测之强秦，仆所以留者，待吾客与俱。今太子迟之，请辞决矣！”遂发。

太子及宾客知其事者，皆白衣冠以送之。至易水之上，既祖[8]，取道，高渐离击筑，荆轲和而歌，为变徵之声[9]，士皆垂泪涕泣。又前而为歌曰：“风萧萧兮易水寒，壮士一去兮不复还！”复为羽声[10]慷慨，士皆瞋目，发尽上指冠。于是荆轲就车而去，终已

---

①[揕(zhèn)其匈]揕：刺。匈：同“胸”。

②[偏袒扼腕]脱掉一边衣袖，露出臂膀，一只手紧握另一只手腕，以示激愤。

③[腐]应作“拊”，拍，捶。

④[函封]用木盒子装起来。

⑤[以药淬之](把烧红的匕首)放到药水里蘸(使其有毒性)。

⑥[秦舞阳]燕国贤将秦开之孙。

⑦[忤视]以不顺从的眼光相看。忤：逆。

⑧[祖]祭路神，古人出远门时常有这种仪式。

⑨[为变徵(zhǐ)之声]古代乐律分宫、商、角(jué)、变徵、徵、羽、变宫七调，大体相当于今西乐的C、D、E、F、G、A、B七调。变徵即F调，此调韵味苍凉，悲惋凄清。

⑩[羽声]相当于今之A调。此调韵味激昂慷慨。

不顾。

遂至秦，持千金之资币物，厚遗秦王宠臣中庶子蒙嘉。嘉为先言于秦王，曰："燕王诚振怖大王之威，不敢举兵以逆军吏，愿举国为内臣，比诸侯之列，给贡职如郡县，而得奉守先王之宗庙。恐惧不敢自陈，谨斩樊於期之头，及献燕督亢之地图，函封，燕王拜送于庭，使使以闻大王。唯大王命之。"

秦王闻之，大喜。乃朝服，设九宾，见燕使者咸阳宫。荆轲奉樊於期头函，而秦舞阳奉地图匣，以次进。至陛，秦舞阳色变振恐。群臣怪之。荆轲顾笑舞阳，前谢曰："北蕃蛮夷之鄙人，未尝见天子，故振慴。愿大王少假借之，使得毕使于前。"秦王谓轲曰："取舞阳所持地图。"轲既取图奏之。秦王发图，图穷而匕首见。因左手把秦王之袖，而右手持匕首揕之。未至身，秦王惊，自引而起，袖绝。拔剑，剑长，操其室。时惶急，剑坚，故不可立拔。荆轲逐秦王，秦王环柱而走。群臣皆愕，卒起不意，尽失其度①。而秦法，群臣侍殿上者，不得持尺寸之兵；诸郎中②执兵，皆陈殿下，非有诏召，不得上。方急时，不及召下兵，以故荆轲乃逐秦王。而卒惶急，无以击轲，而以手共搏之。是时，侍医夏无且以其所奉药囊提③荆轲也。

秦王方环柱走，卒惶急，不知所为，左右乃曰："王负剑④！"负剑，遂拔以击荆轲，断其左股。荆轲废⑤，乃引其匕首以擿⑥秦王，

---

①[度]常态。
②[郎中]帝王的侍从人员。
③[提]掷击。
④[负剑]背剑，指把剑推到背后再拔。
⑤[废]瘫倒。
⑥[擿]投刺。

不中，中桐柱。秦王复击轲，轲被八创。轲自知事不就，倚柱而笑，箕踞[①]以骂曰："事所以不成者，以欲生劫之，必得约契以报太子也。"于是左右既前杀轲。秦王不怡者良久。已而论功赏群臣及当坐[②]者各有差，而赐夏无且黄金二百溢，曰："无且爱我，乃以药囊提荆轲也。"

于是秦王大怒，益发兵诣赵，诏王翦军以伐燕。十月而拔蓟城[③]。燕王喜、太子丹等尽率其精兵，东保于辽东。秦将李信追击燕王急，代王嘉乃遗燕王喜书曰："秦所以尤追燕急者，以太子丹故也。今王诚杀丹献之秦王，秦王必解[④]，而社稷幸得血食[⑤]。"其后李信追丹，丹匿衍水中，燕王乃使使斩太子丹，欲献之秦。秦复进兵攻之。后五年[⑥]，秦卒灭燕，虏燕王喜。

其明年，秦并天下，立号为皇帝。于是秦逐太子丹、荆轲之客，皆亡。

高渐离变名姓，为人庸保[⑦]，匿作于宋子[⑧]。久之，作苦，闻其家堂上客击筑，彷徨不能去。每出言曰："彼有善有不善。"从者以告其主，曰："彼庸乃知音，窃言是非。"家丈人[⑨]召使前击筑，一坐称善，赐酒。而高渐离念久隐畏约无穷时，乃退，出其装匣中筑与其善衣，更容貌而前。举坐客皆惊，下与抗礼[⑩]，以为上客。

---

①[箕踞]伸着两腿，像是簸箕口似的坐着。
②[坐]治罪，办罪。
③[十月而拔蓟(jì)城]秦王政二十一年(前226年)十月攻破燕都蓟城。
④[解]缓解，宽释。
⑤[社稷幸得血食]犹言"国家或许能够得到保存"。血食：享受祭祀。
⑥[后五年]秦王政二十五年(前222年)。
⑦[庸保]即后世之所谓"仆佣""伙计"。
⑧[宋子]古邑名，在今河北赵县东北。
⑨[家丈人]犹言"主人翁""东家"。
⑩[抗礼]平等地以礼相见。

使击筑而歌，客无不流涕而去者。宋子传客之①。闻于秦始皇，秦始皇召见。人有识者，乃曰："高渐离也。"秦皇帝惜其善击筑，重②赦之，乃矐③其目，使击筑，未尝不称善。稍益近之，高渐离乃以铅置筑中，复进得近，举筑朴④秦皇帝，不中。于是遂诛高渐离，终身不复近诸侯之人⑤。

鲁勾践已闻荆轲之刺秦王，私曰："嗟乎，惜哉！其不讲于刺剑之术也！甚矣，吾不知人也！曩者吾叱之，彼乃以我为非人也！"

太史公曰：世言荆轲，其称太子丹之命，"天雨粟、马生角"也，太过；又言荆轲伤秦王，皆非也。始公孙季功、董生与夏无且游，具知其事，为余道之如是。自曹沫至荆轲五人，此其义⑥或成或不成，然其立意较⑦然，不欺⑧其志，名垂后世，岂妄也哉！

---

①[传客之]依次地轮流着请他去做客。

②[重]难于，不能轻易。

③[矐]熏瞎。

④[朴]同"扑"，击的意思。

⑤[诸侯之人]指东方六国的人。

⑥[义]义举，指刺杀活动。

⑦[较]明也。

⑧[欺]欺骗，违背。

/ 荐读 /

在这本梳理中国武侠小说历史流变的里程碑式的学术专著中，作者陈平原表达了一个文人对侠客那种自由、无拘无束、豪爽、仗义等人生境界的由衷向往。

书　　名：千古文人侠客梦
作　　者：陈平原
出版信息：北京大学出版社 2010 年版

红 线[①]

袁 郊

/**导读**/ 身为女奴的豪侠红线，是如何制止藩镇田承嗣和薛嵩之间的一场血腥争斗的呢？

红线，潞州节度使薛嵩青衣。善弹阮[②]，又通经史，嵩遣掌笺表[③]，号曰“内记室”[④]。时军中大宴，红线谓嵩曰：“羯鼓[⑤]之音调颇悲，其击者必有事也。”嵩亦明晓音律，曰：“如汝所言。”乃召而问之，云：“某妻昨夜亡，不敢乞假。”嵩遽遣放归。

时至德之后，两河[⑥]未宁，初置昭义军[⑦]，以釜阳为镇[⑧]，命嵩固守，控压山东。杀伤之余，军府草创。朝廷复遣嵩女嫁魏博[⑨]节度使田承嗣男，男娶滑州节度使令狐彰[⑩]女；三镇互为姻娅，人

---

①选自宋代李舫等人编的《太平广记》，中华书局 1961 年版。袁郊，生卒年不详，今河南确山人，唐代作家，作品有传奇集《甘泽谣》等。

②[阮]琵琶一类的乐器，为晋代阮咸所造，故名。

③[笺表]文牍章奏等文书。

④[内记室]掌管文书机要的姬妾。

⑤[羯鼓]羯族创制的打击乐器，故名。形如漆桶，两头可击。

⑥[两河]指黄河南北岸地区。

⑦[昭义军]唐代设昭义军节度使，辖今河北邢台和山西浊漳河、丹河流域一带。

⑧[以釜阳为镇]以釜阳为昭义军节度使驻地。釜阳：唐县名，今河北磁县。

⑨[魏博]唐方镇名，当时的河北三镇之一，治所在魏州(今河北大名东)。

⑩[令狐彰]字伯阳，唐富平(今陕西富平县)人。曾任滑、亳、魏博节度使，加御史大夫，封霍国公。

使日浃往来①。而田承嗣常患热毒风，遇夏增剧。每曰："我若移镇山东，纳其凉冷，可缓数年之命。"乃募军中武勇十倍者得三千人，号"外宅男"，而厚恤养之。常令三百人夜直②州宅。卜选良日，将迁潞州。嵩闻之，日夜忧闷，咄咄③自语，计无所出。

时夜漏将传，辕门已闭，杖策庭除④，唯红线从行。红线曰："主自一月，不遑寝食，意有所属，岂非邻境乎？"嵩曰："事系安危，非汝能料。"红线曰："某虽贱品，亦有解主忧者。"嵩乃具告其事，曰："我承祖父遗业，受国家重恩，一旦失其疆土，即数百年勋业尽矣。"红线曰："易尔，不足劳主忧。乞放某一到魏郡，看其形势，觇其有无。今一更首途⑤，三更可以复命。请先定一走马⑥兼具寒暄书，其他即俟某却回也。"嵩大惊曰："不知汝是异人，我之暗也。然事若不济，反速其祸，奈何？"红线曰："某之行，无不济者。"乃入闺房，饰其行具。梳乌蛮髻⑦，攒金凤钗，衣紫绣短袍，系青丝轻履。胸前佩龙文匕首，额上书太乙神⑧名。再拜而行，倏忽不见。

嵩乃返身闭户，背烛危坐。常时饮酒，不过数合，是夕举觞十余不醉。忽闻晓角⑨吟风，一叶坠露，惊而试问，即红线回矣。嵩喜而慰问曰："事谐否？"曰："不敢辱命。"又问曰："无伤杀否？"

---

①[日浃(jiá)往来]时常往来。浃：一周匝、自甲至癸共十天。
②[直]值班守护。
③[咄咄]嗟叹。
④[杖策庭除]撑着手杖，在庭院里踱步。除：台阶。
⑤[首途]启程。
⑥[走马]骑马的使者。
⑦[乌蛮髻]乌蛮族妇女的发式。乌蛮：古代西南少数民族。
⑧[太乙神]道教信奉的北极神。
⑨[晓角]军中清晨吹的号角。

曰："不至是。但取床头金合为信耳。"红线曰："某子夜前三刻，即到魏郡，凡历数门，遂及寝所。闻外宅男止于房廊，睡声雷动。见中军士卒，步于庭庑，传呼风生。某发其左扉，抵其寝帐。见田亲家翁正于帐内，鼓趺[①]酣眠，头枕文犀[②]，髻包黄縠，枕前露一七星剑。剑前仰开一金合，合内书生身甲子[③]与北斗神名；复有名香美珍，散覆其上。扬威玉帐，但期心豁于生前；同梦兰堂[④]，不觉命悬于手下。宁劳擒纵，只益伤嗟。时则蜡炬光凝，炉香烬煨，侍人四布，兵器森罗。或头触屏风，鼾而軃[⑤]者；或手持巾拂，寝而伸者。某拔其簪珥，縻其襦裳，如病如昏，皆不能寤；遂持金合以归。既出魏城西门，将行二百里，见铜台高揭[⑥]，而漳水东注；晨飙动野，斜月在林。忧往喜还，顿忘于行役；感知酬德，聊副于心期。所以夜漏三时，往返七百里；入危邦，经五六城；冀减主忧，敢言其苦。"

嵩乃发使遗承嗣书曰："昨夜有客从魏中来，云：自元帅头边获一金合。不敢留驻，谨却封纳[⑦]。"专使星驰，夜半方到。见搜捕金合，一军忧疑。使者以马挝[⑧]扣门，非时请见。承嗣遽出，以金合授之。捧承之时，惊怛绝倒。遂驻使者止于宅中，狎以宴私，多其赐赉。明日遣使赍缯帛三万匹、名马二百匹，他物称是，

---

①[鼓趺]翘着脚。

②[文犀]有花纹的犀皮枕。

③[生身甲子]出生的年月日辰，即生辰八字。

④[兰堂]内室、闺房。

⑤[鼾而軃(duǒ)]低头打呼。軃：低垂。

⑥[铜台高揭]铜雀台巍然而立。铜台：即铜雀台，三国时曹操所建，在今河南安阳。高揭：矗立。

⑦[谨却封纳]恭敬地封起来退还。

⑧[马挝(zhuā)]马鞭。

以献于嵩曰:“某之首领,系在恩私。便宜知过自新,不复更贻伊戚[①]。专膺指使,敢议姻亲[②]。役当奉毂后车,来则挥鞭前马。所置纪纲仆[③]号为外宅男者,本防它盗,亦非异图。今并脱其甲裳,放归田亩矣。”由是一两月内,河北河南,人使交至。

而红线辞去。嵩曰:“汝生我家,而今欲安往?又方赖汝,岂可议行?”红线曰:“某前世本男子,历江湖间,读神农药书,救世人灾患。时里有孕妇,忽患蛊症。某以芫花[④]酒下之,妇人与腹中二子俱毙。是某一举杀三人。阴司见诛,降为女子,使身居贱隶,而气禀贼星[⑤]。所幸生于公家,今十九年矣。身厌罗绮,口穷甘鲜,宠待有加,荣亦至矣。况国家建极[⑥],庆且无疆。此辈背违天理,当尽弭患。昨往魏郡,以示报恩。两地保其城池,万人全其性命,使乱臣知惧,烈士安谋。某一妇人,功亦不小,固可赎其前罪,还其本身。便当遁迹尘中,栖心物外,澄清一气,生死长存。”嵩曰:“不然,遗尔千金为居山之所给。”红线曰:“事关来世,安可预谋。”嵩知不可驻,乃广为饯别;悉集宾客,夜宴中堂。嵩以歌送红线,请坐客冷朝阳为词曰:“《采菱》歌怨木兰舟,送别魂消百尺楼。还似洛妃乘雾去,碧天无际水长流。”歌毕,嵩不胜悲。红线拜且泣,因伪醉离席,遂亡其所在。

---

①[伊戚]烦恼。

②[专膺指使,敢议姻亲]意思是专听你的指挥,哪敢谈起亲戚关系呢?

③[纪纲仆]仆人。典出《左传·僖公二十四年》。

④[芫(yuán)花]落叶灌木,开紫色小花,有毒。

⑤[气禀贼星]性格气质秉受了天上做贼的星宿。古人迷信,认为人有天上的星与其对应。

⑥[极]中正、标准。

/ **荐读** /

唐代传奇标志着中国小说发展的新阶段，其中有不少情节曲折、文笔精美的文言小说。明人收录、编刻的这些小说，“往往妄制篇目，改题撰人”，造成了混乱。鲁迅重新编辑、校订了这部可以凭信的《唐宋传奇集》。阅读时，可将《红线》和《聂隐娘》比较阅读。

书　　名：唐宋传奇集
校　　录：鲁　迅
出版信息：齐鲁书社 1997 年版

智取生辰纲①

施耐庵

/**导读**/ 金圣叹说本篇中写七个枣子客人饶酒，令人“读之欲迷”。其实阅读全篇，何尝不同样如此？

盖我读此书而不胜三致叹焉，曰：嗟乎！古之君子，受命于内，莅事于外，竭忠尽智。以图报称，而终亦至于身败名丧，为世僇笑者，此其故，岂得不为之深痛哉！夫一夫专制，可以将千军；两人牵羊，未有不僵于路者也。独心所运，不难于造五凤楼曾无黍米之失；聚族而谋，未见其能筑室有成者也。梁中书以道路多故，人才复难，于是致详致慎，独简杨志而畀之以十万之任，谓之知人，洵无忝矣，即又如之何而必副之以一都管与两虞候乎？观其所云另有夫人礼物，送与府中宝眷，亦要杨志认领，多恐不知头路。夫十万已领，何难一担？若言不知头路，则岂有此人从贵女爱婿边来，现护生辰重宝至于如此之盛，而犹虑及府中之人猜疑顾忌，不视之为机密者也？是皆中书视十万过重，视杨志过轻。视十万过重，则意必太师也者，虽富贵双极，然见此十万，必吓然心动；太师吓然心动，而中书之宠，固于磐石，夫是故以此为

①选自《贯华堂第五才子书水浒传》，凤凰出版社 2010 年版。施耐庵（1296—1370），元末明初作家，著有《水浒传》。金圣叹（1608—1661），明末清初作家，对《水浒传》《西厢记》《左传》等书及杜甫诸家唐诗都有评点。

献，凡以冀其心之得一动也。视杨志过轻，则意或杨志也者，本单寒之士，今见此十万，必吓然心动；杨志吓然心动，而生辰十担，险于蕉鹿，夫是故以一都管、两虞候为监，凡以防其心之忽一动也。然其胸中，则又熟有“疑人勿用，用人勿疑”之成训者，于是即又伪装夫人一担，以自盖其相疑之迹。呜呼！为杨志者，不其难哉！虽当时亦曾有早晚行住，悉听约束，戒彼三人不得别拗之教敕，然而官之所以得治万民，与将之所以得制三军者，以其惟此一人故也。今也一杨志，一都管，又二虞候，且四人矣，以四人而欲押此十一禁军，岂有得乎？《易大传》曰：“阳一君二民，君子之道也；阴二君一民，小人之道也。”今中书徒以重视十万、轻视杨志之故，而曲折计划，既已出于小人之道，而尚望黄泥冈上万无一失，殆必无之理矣。故我谓生辰纲之失，非晁盖八人之罪，亦非十一禁军之罪，亦并非一都管、两虞候之罪，而实皆梁中书之罪也，又奚议焉？又奚议焉？曰：然则杨志即何为而不争之也？圣叹答曰：杨志不可得而争也。夫十万金珠，重物也，不惟大名百姓之髓脑竭，并中书相公之心血竭矣。杨志自惟起于单寒，骤蒙显擢，夫乌知彼之遇我厚者之非独为今日之用我乎？故以十万之故而授统制易，以统制之故而托十万难，此杨志之所深知也。杨志于何知之？杨志知年年根括十万以媚于丈人者，是其人必不能以国士遇我者也；不能以国士遇我，而昔者东郭斗武，一日而逾数阶者，是其心中徒望我今日之出死力以相效耳。譬诸饲鹰喂犬，非不极其恩爱，然彼固断不信鹰之德为凤皇，犬之品为驺虞也。故于中书未拨都管、虞候之先，志反先告相公只须一个人和小人去。夫“一个人和小人去”者，非请武阳为副，殆请朝恩为监矣。若夫杨志早知人之疑之，而终亦主于必去，则固丈夫感恩知报，凡以酬东郭骤迁之遇耳，岂得已哉！呜呼！杨志其寓言也，古之国家，以疑立监者，比比皆有，我何能遍言之！

看他写杨志忽然肯去，忽然不肯去，忽然又肯去，忽然又不肯去，笔势夭矫，不可捉搦。

看他写天气酷热，不费笔墨，只一句两句便已焦热杀人。古称盛冬挂云汉图，满座烦闷，今读此书，乃知真有是事。

看他写一路老都管掣人肘处，真乃描摹入画。嗟乎！小人习承平之时，忽祸患之事，箕踞当路，摇舌骂人，岂不凿凿可听；而卒之变起仓猝，不可枝梧，为鼠为虎，与之俱败，岂不痛哉！

看他写枣子客人自一处，挑酒人自一处，酒自一处，瓢自一处，虽读者亦几忘其为东溪村中饮酒聚义之人，何况当日身在庐山者耶？耐庵妙笔，真是独有千古。

看他写卖酒人斗口处，真是绝世奇笔。盖他人叙此事至此，便欲骎骎相就，读之，满纸皆似惟恐不得卖者矣。今偏笔笔撇开，如强弓怒马，急不可就，务欲极扳开去，乃至不可收拾，一似惟恐为其买者，真怪事也。

看他写七个枣子客人饶酒，如数鹰争雀，盘旋跳霍，读之欲迷。

话说当时公孙胜正在阁儿里对晁盖说这北京生辰纲是不义之财，取之何碍；只见一个人从外面抢将入来，揪住公孙胜道："你好大胆！却才商议的事，我都知了也。"那人却是智多星吴学究。晁盖笑道："教授休取笑，且请相见。"两个叙礼罢，吴用道："江湖上久闻人说入云龙公孙胜一清大名，不期今日此处得会。"晁盖道："这位秀士先生，便是智多星吴学究。"公孙胜道："吾闻江湖上人多曾说加亮先生大名，岂知缘法却在保正庄上得会。只是保正疏财仗义，以此天下豪杰，都投门下。”晁盖道：“再有几个相识在里面，一发请进后堂深处相见。”

三个人入到里面，就与刘唐、三阮都相见了。众人道：“今日此一会应非偶然，须请保正哥哥正面而坐。”晁盖道：“量小子是个穷主人，怎敢占上。”吴用道：“保正哥哥年长，依着小生，且请坐了。”晁盖只得坐了第一位，吴用坐了第二位，公孙胜坐了第三位，刘唐坐了第四位，阮小二坐了第五位，阮小五坐第六位，阮小七坐第七位。可称“晁天王夜梦动天文，东溪村英雄小排座”。却才聚义饮酒，重整杯盘，再备酒肴，众人饮酌。吴用道：“保正梦见北斗七星坠在屋脊上，今日我等七人聚义举事，岂不应天垂象！此一套富贵，唾手而取。前日所说央刘兄去探听路程从那里来，今日天晚，来早便请登程。”公孙胜道：“这一事不须去了。贫道已打听知他来的路数了，——只是黄泥冈大路上来。”妙。一者公孙此来不虚，二者省却许多闲手。晁盖道：“黄泥冈东十里路，地名安乐村，有一个闲汉叫做‘白日鼠’白胜，也曾来投奔我，我曾赍助他盘缠。”吴用道：“北斗上白光，莫不是应在这人？住。自有用他处。”此五字，不与上文连说，乃心计之辞。刘唐道：“此处黄泥冈较远，何处可以容身。”吴用道：“只这个白胜家，便是我们安身处，亦还要用了白胜。”此句方明说出来。晁盖道：“吴先生，我等还是软取，奇文。却是硬取？”奇文。吴用笑道：“我已安排定了圈套，只看他来的光景，行军妙诀，加亮之号不虚也。力则力取，智则智取。我有一条计策，不知中你们意否？……如此如此。”晁盖听了大喜，攧着脚道：“好妙计，不枉了称你做智多星！果然赛过诸葛亮，好计策。”吴用道：“休得再提，常言道：‘隔墙须有耳，窗外岂无人。’只可你知我知。”晁盖便道：“阮家三兄且请回归，至期来小庄聚会；吴先生依旧自去教学；公孙先生并刘唐，只在敝庄权住。”当日饮酒至晚，各自去客房里歇息。次日五更起来，安排早饭吃了，晁盖取出三十两花银，送与阮家三兄弟道：“权表薄意，切勿推却。”三阮那里肯受。吴用道：“朋友之意，不可相阻。”三阮方才受了银两，一齐送出庄外来。吴用附耳低言道：“……这般这般，至期不可有误。”三阮相别了，自回石碣村去。晁盖留住公孙胜、刘唐在庄上，吴学究常来议事。

话休絮繁。却说北京大名府梁中书收买了十万贯庆贺生辰礼物完备，选日差人起程。当下一日在后堂坐下，只见蔡夫人问道：“相公，生辰纲几时起程？”梁中书道：“礼物都已完备，明后日便用起身。只是一件事，在此踌躇未决。”蔡夫人道：“有甚事踌躇未决？”梁中书道：“上年费了十万贯收买金珠宝贝，送上东京去；只因用人不着，半路被贼人劫将去了，至今无获。今年帐前眼见得又没个了事的人送去，在此踌躇未决。”多时相望，临用忽复疑之，总视十万重，视杨志轻也。蔡夫人指着阶下道：“你常说这个人十分了得，何不着他委纸领状送去走一遭，不致失误。”梁中书看阶下那人时，却是青面兽杨志。梁中书踌躇，妙。便唤杨志上厅，说道：“我正忘了你，你若与我送得生辰纲去，我自有抬举你处。”杨志叉手向前禀道：“恩相差遣，不敢不依！只不知怎地打点？几时起身？”第一段，不敢不去。梁中书道：“着落大名府差十辆太平车子，帐前拨十个厢禁军监押着车，每辆上各插一把黄旗，上写着‘献贺太师生辰纲’。每辆车子再使个军健跟着，三日内便要起身去。”杨志道：“非是小人推托，其实去不得，乞钧旨别差英雄精细的人去。”第二段，忽然去不得，文势飘忽。梁中书道：

"我有心要抬举你,这献生辰纲的札子内,另修一封书在中间,太师跟前重重保你受道敕命回来,如何倒生支调,推辞不去?"杨志道:"恩相在上,小人也曾听得上年已被贼人劫去了,至今未获,今岁途中盗贼又多,此去东京,又无水路,都是旱路。经过的是紫金山、虚。二龙山、实。桃花山、实。伞盖山、虚。黄泥冈、实。白沙坞、虚。野云渡、虚。赤松林,实。○数出八处险害,却是四虚四实,然犹就一部书论之也,若只就一回书论之,则是七虚一实耳。这几处都是强人出没的去处。更兼单身客人亦不敢独自经过,他知道是金银宝物,如何不来抢劫?枉结果了性命,以此去不得。"梁中书道:"恁地时,多着军校防护送去便了。"杨志道:"恩相便差一万人去,也不济事;这厮们一声听得强人来时,都是先走了的。"借事说出千古官兵,可恼可笑,言者无罪,闻者足戒。梁中书道:"你这般地说时,生辰纲不要送去了?"写来天生是梁中书口中语,又写得飙忽。杨志又禀道:"若依小人一件事,便敢送去。"第三段。依了一件事,又便去得,飙忽之极,(眉)忽然去得,忽然去不得,凡四段,翻腾跳跃,看他却是无中生有。梁中书道:"我既委在你身上,如何不依你说。"杨志道:"若依小人说时,并不要车子,把礼物都装做十余条担子,只做客人的打扮行货,也点十个壮健的厢禁军,却装做脚夫挑着;只消一个人和小人去,此语可哀,前评详之矣。却打扮做客人,悄悄连夜送上东京交付,恁地时方好。"是。梁中书道:"你甚说得是。我写书呈重重保你受道诰命回来。"杨志道:"深谢恩相抬举。"

当日当日。便叫杨志一面打拴担脚,一面选拣军人。次日,次日。叫杨志来厅前伺候,梁中书出厅来问道:"杨志,你几时起身?"杨志禀道:"告覆恩相,只在明早准行,就委领状。"梁中书道:“夫人也有一担礼物,另送与府中宝眷,也要你领。怕你不知头路,特地再教奶公谢都管并两个虞侯,和你一同去。”非真有夫人一担礼物,定少不得也,只为冈上失事,定少不得老都管,则不得已,倒装出一担梯己礼物来。此皆作者苦心也。杨志告道:“恩相,杨志去不得了。”第四段,忽然又去不得了,飙忽如此,异哉。梁中书道:“礼物都已拴缚完备,如何又去不得?”真是奇事。杨志禀道:“此十担礼物都在小人身上,是。和他众人,都由杨志,是。要早行便早行,要晚行便晚行,要住便住,要歇便歇,亦依杨志提调。是。如今又叫老都管并虞候和小人去,他是夫人行的人闲中捎带一句,千古同笑。又是太师府门下奶公,又捎带一句。倘或路上与小人别拗起来,杨志如何敢和他争执得?是。○不惟杨志争执不得,依上二句,想相公亦争执不得。若误了大事时,杨志那其间如何分说?是,○一路都是特特写出杨志英雄精细,便把后文许多别拗争执,因而失事,隐隐都算出来,深表杨志不堕七个人计中也。梁中书道:“这个也容易,我叫他三个都听你提调便了。”杨志答道:“若是如此禀过,小人情愿便委领状;倘有疏失,甘当重罪。”梁中书大喜道:“我也不枉了抬举你,真个有见识!”随即唤老谢都管并两个虞候出来,当厅分付道:“杨志提辖情愿委了一纸领状,监押生辰纲——十一担金珠宝贝——赴京太师府交割。这干系都在他身上:你三人和他做伴去,一路上早起、句。晚行,句。住、句。歇,句。都要听他言语,不可和他别拗。夫人处分付的勾当,你三人自理会。调侃一句,然却是分外闲笔,以泯自家倒装之迹耳。小心在意,早去早回,休教有失。”老都管一一都应了。当日杨志领了。次日早起五更,在府里把担仗都摆在厅前,老都管和两个虞候又将一小担财帛,共十一担,拣了十一个壮健的厢禁军,都做脚夫打扮。杨志戴上凉笠儿，穿着青纱衫子，系了缠带行履麻鞋，跨口腰刀，提条朴刀；老都管也打扮做个客人模样；两个虞候假装做跟的伴当。各人都拿了条朴刀，又带几根藤条。以备后用。○不是此处放此一句，后来一时如何生得出。梁中书付与了札付书呈。一行人都吃得饱了，在厅上拜辞了梁中书。看那军人担仗起程，杨志和谢都管、两个虞候监押着，一行共是十五人，离了梁府，出得北京城门，取大路投东京进发。

此时正是五月半天气，虽是晴明得好，只是酷热难行。杨志一心要取六月十五日生辰，只得在路上趱行。自离了这北京五七日，端的只是起五更，趁早凉便行，日中热时便歇。先反衬出一句早行午歇，真是闲心妙笔。五七日后，人家渐少，行路又稀，一站站都是山路。杨志却要辰牌起身，申时便歇。写得前后明画。(眉)第一番。那十一个厢禁军，第一段，先写厢禁军。担子又重，无有一个稍轻，天气热了，行不得；见着林子便要去歇息。杨志赶着催促要行，如若停住，轻则痛骂，重则藤条便打，逼赶要行。第一段。两个虞候第二段，写两个虞候。虽只背些包裹行李，也气喘了行不上。杨志也嗔道："你两个好不晓事！这干系须是俺的！你们不替洒家打这夫子，却在背后也慢慢地挨，这路上不是耍处！"那虞候道："不是我两个要慢走，其实热了行不动，因此落后。前日只是趁早凉走，如今恁地正热里要行，正是好歹不均匀。"杨志道："你这般说话，却似放屁！前日行的须是好地面，如今正是尴尬去处，若不日里赶过去，谁敢五更半夜走？"两个虞候口里不道，肚中寻思："这厮不直得便骂人。"第二段。

杨志提了朴刀，拿着藤条，自去赶那担子。两个虞候坐在柳阴树下，等得老都管来，第三段，写老都管。○看他三段三样来法。两个虞候告诉道：虞候诉都管。“杨家那厮，强杀只是我相公门下一个提辖，直这般会做大！”老都管道：“须是相公当面分付道：休要和他别拗，因此我不做声，这两日也看他不得。权且耐他。”两个虞候道：“相公也只是人情话儿，都管自做个主便了。”老都管又道：“且耐他一耐。”第三段。当日行到申牌时分，寻得一个客店里歇了。那十一个厢禁军雨汗通流，都叹气吹嘘，对老都管说道：禁军诉都管。“我们不幸做了军健，情知道被差出来。这般火似热的天气，又挑着重担，这两日又不拣早凉行，动不动老大藤条打来。都是一般父母皮肉，我们直恁地苦！”老都管道：“你们不要怨怅，巴到东京时，我自赏你。”众军汉道：“若是似都管看待我们时，并不敢怨怅。”又过了一夜。次日，天色未明，众人起来，都要乘凉起身去。写得妙，意中之事，意外之文。杨志跳起来喝道：“那里去！且睡了，写得妙，遂成趣语。却理会！”众军汉道：“趁早不走，日里热时走不得，却打我们。”杨志大骂道：“你们省得甚么？”拿了藤条要打，众军忍气吞声，只得睡了。当日直到辰牌时分，慢慢地写得妙。打火吃了饭走，一路上赶打着，不许投凉处歇。那十一个禁厢军口里喃喃呐呐地怨怅，一句禁军。两个虞候在老都管面前絮絮聒聒地搬口；一句虞候。老都管听了也不着意，心内自恼他。一句都管。

话休絮繁。似此行了十四五日，那十四个人没一个不怨怅杨志。如椽之笔。当日客店里辰牌时分慢慢地妙。打火吃了早饭行，正是六月初四日时节，天气未及晌午，先将未午写来，次入正午，便令分寸都出。(眉)第二番一轮红日当天，没半点云彩，其实十分大热。当日行的路，都是山僻崎岖小径，南山北岭，却监着那十一个军汉。约行了二十余里路程，那军人们思量要去柳阴树下歇凉，此一段单写军汉，都管、虞候都落在后。被杨志拿着藤条打将来，喝道："快走！教你早歇！"众军人看那天时，写热却写不尽，写怨怅亦写不尽。陡然写出"看那天时"四字，遂已抵过云汉一篇。真是才子有才子之笔也。四下里无半点云彩，其实那热不可当。杨志催促一行人在山中僻路里行。看看日色当午，先将未午一段，尽情写出炎热之苦，至此处交入正午，只用一句，便接入众人睡倒。行文详略之际，分寸不失。那石头上热了，脚疼，只得一句七个字，而热极之苦，描画已尽。叹今人千言之无当也。走不得。众军汉道："这般天气热，兀的不晒杀人！"杨志喝着军汉道："快走！赶过前面冈子去，却再理会。"

正行之间，前面迎着那土冈子，一行十五人奔上冈子来。歇下担仗，那十四人都去松林树下睡倒了。奈何，○笔势从上三番赶下来，有天崩地塌之势。杨志说道："苦也！这里是甚么去处，你们却在这里歇凉？起来，快走！"众军汉道："你便剁做我七八段，其实去不得了。"真有此语。杨志拿起藤条，劈头劈脑打去，打得这个起来，那个睡倒，真有此事。杨志无可奈何。只见两个虞候和老都管气喘急急也巴到冈子上此一段，都管、虞候方来。松树下坐了喘气。巴得他来，却也坐了，真奈何！○写来真有此事。看这杨志打那军健。八个字。活写出心中刺，眼中钉来。老都管见了说道："提辖！端的热了走不得，休见他罪过！"杨志道："都管，你不知，这里正是强人出没的去处，地名叫做黄泥冈。闲常太平时节，白日里兀自出来劫人，休道是这般光景，谁敢在这里停脚？"两个虞候听杨志说了，便道："我见你说好几遍了，只管把这话来惊吓人。"真有此语。○如国家太平既久，边防渐撤，军实渐废，皆此语误之也。老都管道："权且教他们众人歇一歇，略过日中行，如何？"杨志道:“你也没分晓了！如何使得！这里下冈子去,兀自有七八里没人家,甚么去处？敢在此歇凉!”老都管道:“我自坐一坐了走,你自去赶他众人先走。”其言既不为杨志出力,亦不替众人分辨,而意旨已隐隐一句纵容,一句激变,老奸巨猾,何代无贤。

杨志拿着藤条喝道:“一个不走的,吃俺二十棍。”众军汉一齐叫将起来。一齐妙。数内一个分说道:一个妙。“提辖,我们挑着百十斤担子,须不比你空手走的。真有此语。你端的不把人当人！便是留守相公自来监押时,也容我们说一句。真有此语。你好不知疼痒,只顾逞辩!”杨志骂道:“这畜生不呕死俺！只是打便了。”拿起藤条,劈脸又打去。老都管喝道:从空忽然插入老都管一喝,借题写出千载说大话人,句句出神入妙。“杨提辖,增出一杨字,其辞甚厉。且住！你听我说:二句六字,其辞甚厉,“你听我说”四字,写老奴托大,声色俱有。我在东京太师府里做奶公时,吓杀丑杀,可笑可恼。〇一句十二字,作两半句读,我在东京太师府里,何等轩昂,做奶公时,何等出丑,然狐辈每每自谓得志,乐道不绝。门下军官见了无千无万,四字可笑,说大话人每用之。都向着我喏喏连声。太师威焰,众官谄佞,奴才放肆,一语遂写尽之。不是我口栈,老奴真有此语。量你是个遭死的军人,第一句,说破杨志不是提辖,恶极。相公可怜抬举你做个提辖,第二句,说提辖实是我家所与,恶极。比得芥菜子大小的官职,第三句,说杨志即使是个提辖,亦只比之芥子,恶极。直得恁地逞能！已上骂杨志,已下说自家,妙绝。休说我是相公家都管,一句自夸贵。便是村庄一个老的,一句自夸老。〇看他说来便活是老奴声口,尤妙在反借“村庄”二字,直显出太师府来,如云休说“相公家都管”,便是“村庄一老”,亦该相让,何况我今不止是相公家都管也。也合依我劝一劝;只顾把他们打,是何看待?”杨志道:“都管,你须是城市里人,生长在相府里，那里知道途路上千难万难！”老都管道：“四川、两广，也曾去来，不曾见你这般卖弄。”杨志道：“如今须不比太平时节。”都管道：“你说这话，该剜口割舌！今日天下怎地不太平？”老奴口舌可骇，真正从太师府来。

杨志却待要回言，不得不回言，然以疾接下文，故其言一时回不及也。只见对面松林里影着一个人，在那里舒头探脑价望。过节甚疾。杨志道：“俺说甚么？此四字是折辨上文不太平语，却因疾忙接出松林有人，便将此语反穿过下文来，写此时杨志心忙眼疾如画。兀的不是歹人来了！”撇下藤条，拿了朴刀，赶入松林里来，喝一声道：“你这厮好大胆，怎敢看俺的行货！”赶来看时，只见松林里一字儿摆着七辆江州车儿，六个人脱得赤条条的在那里乘凉，好。一个鬓边老大一搭朱砂记，拿着一条朴刀。好。见杨志赶入来，七个人齐叫一声：“阿也！”二字妙绝，只须此二字，杨志胸中已释然矣。都跳起来。杨志喝道：“你等是甚么人？”那七人道：“你是甚么人？”妙，只如学舌。杨志又问道：“你等莫不是歹人？”那七人道：“你颠倒问，我等是小本经纪，那里有钱与你？”又妙。〇前句让杨志一先，此句便自占一先，笔端变换之极。杨志道：“你等小本经纪人，偏俺有大本钱！”释然语，只作谐谑。那七人问道：“你端的是甚么人？”又用一反扑句，妙极。杨志道：“你等且说那里来的人？”妙，杨志学舌。那七人道：“我等弟兄七人，是濠州人，贩枣子上东京去，路途打从这里经过，听得多人说这里黄泥冈上时常有贼打劫客商。我等一面走，一头自说道：‘我七个只有些枣子，别无甚财货。’只顾过冈子来。上得冈子，当不过这热，权且在这林子里歇一歇，待晚凉了行。只听得有人上冈子来，我们只怕是歹人，因此使这个兄弟出来看一看。”杨志道：“原来如此，也是一般的客人。过几日便一般矣，今日殊未。却才见你们窥望，惟恐是歹人，因此赶来看一看。”那七个人道：“客官请几个枣子了去。”无有一见即请吃枣之理，只为下文过酒用着枣子，故于此处先出一句，以见另有散枣也。杨志道：“不必。”提了朴刀，再回担边来。老都管坐着道：“既是有贼，我们去休！”坐着道，则明明听得非贼矣，却偏要还话，恶极。杨志说道：“俺只道是歹人，原来是几个贩枣子的客人。”老都管别了脸对众军道：“似你方才说时，他们都是没命的！”老奴恶极。杨志道：“不必相闹，俺只要没事便好；你们且歇了，等凉些走。”众军汉都笑了。分明老奴所使，写得活画。○凡老奸巨猾之人，欲排陷一人，自却不笑，而偏能激人使笑，皆如此奴矣，于国于家，何处无之。杨志也把朴刀插在地上，自去一边树下坐了歇凉。上文杨志如此赶打，至此亦便坐了歇凉，中间有老大用笔不得处，须看其逐递卸来。

没半碗饭时，只见远远地一个汉子挑着一副担桶，唱上冈子来，唱道：

> 赤日炎炎似火烧，野田禾稻半枯焦。农夫心内如汤煮，公子王孙把扇摇。挑酒人唱歌，此为第三首矣。然第一首有第一首妙处，为其恰好唱入鲁智深心坎也。第二首有第二首妙处，为其恰好唱出崔道成事迹也。今第三首又有第三首妙处，为其恰好唱入众军汉耳朵也。作书者虽一歌不欲轻下如此，如之何读书者之多忽之也。○上二句盛写大热之苦，下二句盛写人之不相体悉，犹言农夫当午在田，背焦汗滴，彼公子王孙深居水殿，犹令侍人展扇摇风，盖深喻众军身负重担，反受杨志空身走者打骂也。

那汉子口里唱着，走上冈子来，松林里头歇下担桶，坐地乘凉。众军看见了，便问那汉子道："你桶里是甚么东西?"那汉子应道："是白酒。"众军道："挑往那里去?"那汉子道："挑出村里卖。"众军道："多少钱一桶?"那汉子道："五贯足钱。"众军商量道："我们又热又渴，何不买些吃，也解暑气。"正在那里凑钱，如画。杨志见了喝道："你们又做甚么?"众军道："买碗酒吃。"杨志调过朴刀杆便打骂道："你们不得洒家言语，胡乱便要买酒吃，好大胆!"众军道："没事又来鸟乱，我们自凑钱买酒吃，干你甚事?也来打人!"杨志道："你这村鸟，理会得甚么！到来只顾吃嘴，全不晓得路途上的勾当艰难，多少好汉被蒙汗药麻翻了!"那挑酒的汉子看着杨志冷笑道：写得好。(眉)凡此以下，皆花攒锦凑，龙飞凤走之文，须要逐递逐句细细看去。"你这客官好不晓事！句。早是我不卖与你吃，句。却说出这般没气力的话来!"句。○三句三折，不烦不简，妙绝。

正在松树边闹动争说，疾。只见对面松林里那伙贩枣子的客人都提着朴刀，走出来问道："你们做甚么闹?"却做提防光景，妙。那挑酒的汉子道："我自挑这酒过冈子村里卖，热了在此歇凉，"我自"妙，非我自挑酒，乃我自歇凉也。要知此是十七字为句，不得读断。他众人要问我买些吃，"他众人要问我"，妙。我又不曾卖与他；我又不曾，妙。这个客官"这个客官"妙。深怪之之辞。道我酒里有甚么蒙汗药，甚么，妙。你道好笑么? 你道，妙。说出这般话来!"这般，妙。○凡七句，句句入妙，读之真欲入其玄中。那七个客人说道："呸!我只道有歹人出来，原来是如此，一接一落，飘忽之极。说一声也不打紧，只解一句，如不相关者，下便疾入买酒，真是声情俱有。我们正想酒来解渴，既是他们疑心，且卖一桶与我们吃。""他们""我们"，妙。那挑酒的道："不卖！不卖!"故作奇波。这七个客人道："你这鸟汉子也不晓事，我们须不曾说你。“也不晓事”，妙，上文挑酒者骂杨志不晓事，故此反骂之云，也不晓事，接口成文，转笔如戏。你左右将到村里去卖，一般还你钱，便卖些与我们，打甚么不紧？看你不道得舍施了茶汤，便又救了我们热渴。”此二语之妙，不惟说过卖酒者，亦已罩定杨志矣。那挑酒的汉子便道：“卖一桶与你不争，只是被他们说的不好，此语虽有余恨未平，然只是带说，看他疾入下句。又没碗瓢舀吃。”疾入此一句妙，又确是村里去卖的酒。那七人道：“你这汉子忒认真！便说了一声，打甚么不紧？再为杨志解一句，不便疾入椰瓢，真乃刃利如风。我们自有椰瓢在这里。”疾。只见两个客人去车子前取出两个椰瓢来，明明瓢之与酒从两处来。一个捧出一大捧枣子来，七个人立在桶边欲其见之，妙绝。开了桶盖，轮替换着舀那酒吃，把枣子过口。无一时，一桶酒都吃尽了。七个客人道：“正不曾问得你多少价钱？”何必不问价，只为留得此句作饶酒地也。那汉道：“我一了不说价，“一了”二字妙绝，确是向村里主顾分说，忘其为过路客人，入神之笔也。五贯足钱一桶，十贯一担。”七个客人道：“五贯便依你五贯，只饶我们一瓢吃。”只用一“饶”字，便忽接入第二桶，奇计亦复奇文。那汉道：“饶不得，做定的价钱。”做定妙。一个客人把钱还他，一个还钱。一个客人便去揭开桶盖，兜了一瓢，拿上便吃。一个便吃，以示无他。那汉去夺时，这客人手拿半瓢酒望松林里便走。那汉赶将去，只见这边一个客人从松林里走将出来，手里拿一个瓢，便来桶里舀了一瓢酒。一个然后下药。那汉看见，抢来劈手夺住，妙。望桶里一倾，妙。便盖了桶盖，妙。将瓢望地下一丢，妙。口里说道：妙。“你这客人好不君子相！戴头识脸的，也这般啰唣！”住。○一段有山雨欲来风满楼之势。（眉）此一段读者眼中有七手八脚之劳，作者腕下有细针婉线之妙，真是不慌不忙有庠有序之文。

那对过众军汉见了，疾接过，妙笔。心内痒起来，都待要吃。数中一个看着老都管道：如画。“老爷爷，与我们说一声，那卖枣子的客人买他一桶吃了，我们胡乱也买他这桶吃，润一润喉也好。其实热渴了，没奈何。这里冈子上又没讨水吃处，老爷方便！”单说枣子客人买过一桶，不说又饶一瓢，写众军是众军。老都管见众军所说，自心里也要吃得些，竟来对杨志说：“那贩枣子客人已买了他一桶吃，只有这一桶，胡乱教他们买吃了避暑气。冈子上端的没处讨水吃。”亦单说枣子客人买过一桶，不说又饶一瓢，写老儿是老儿。杨志寻思道：“俺在远远处望这厮们。闲处写出杨志半日英雄精细。都买他的酒吃了，那桶里当面也见吃了半瓢，想是好的。独说那桶当面亦吃过一瓢，表出杨志英雄精细，超过众人万倍。打了他们半日，胡乱容他买碗吃罢。”杨志道：“既然老都管说了，教这厮们买吃了便起身。”三字衬后“起不来，挣不动，说不得”九字，以为一笑。众军健听了这话，凑了五贯足钱，来买酒吃。那卖酒的汉子道：“不卖了！不卖了！这酒里有蒙汗药在里头！”故作奇波。○前七个人买时作此一波，实是无药好酒，故成奇趣，今十五个人买时作此一波，酒中却已有药，故又成奇趣，盖虽一样波折，而有两样翻涌也。众军陪着笑说道：“大哥，直得便还言语？”那汉道：“不卖了！休缠！”波头只是翻涌，不肯便落，妙。这贩枣子的客人劝道：用七个人劝，妙。“你这个鸟汉子，他也说得差了，一句。○是杨志。你也忒认真！一句。○是卖酒人。连累我们也吃你说了几声。一句。○是七人。须不关他众人之事，一句。○是众军。胡乱卖与他众人吃些。”那汉道：“没事讨别人疑心做甚么？”波头只是不落，妙。这贩枣子客人把那卖酒的汉子推开一边，只顾将这桶酒提与众军去吃。龙跳虎卧之才，有此一笔，不然，则众军夺吃既不好，白胜肯卖又不好也。那军汉开了桶盖，无甚舀吃，八个字，写出妙景。○一桶酒，一个桶盖，十四个人，十四双眼，二十八只手，绝倒。陪个小心问客人借这椰瓢用一用。绝倒。众客人道："就送这几个枣子与你们过酒。"借瓢送枣，疏密有致。众军谢道："甚么道理！"客人道："休要相谢，都是一般客人，何争在这百十个枣子上。"只争十一担金珠耳。众军谢了，先兜两瓢，匆匆中，写来有体。叫老都管吃一瓢，杨提辖吃一瓢。杨志那里肯吃？写杨志英雄精细，固也。然杨志即使肯吃，亦不得于此处写他肯吃，何也？从来叙事之法，有宾有主，有虎有鼠，夫杨志虎也，主也，彼老都管与两虞候，特宾也，鼠也。设叙事者，于此不分宾主，不辨虎鼠，杂然写作老都管一瓢，杨志一瓢，两个虞候一瓢，众军汉各一瓢，将何以表其为杨志哉！故于此处特特勒出一句不吃，夫然后下文另自写来，此固史家叙事之体也。老都管自先吃了一瓢，两个虞候各吃一瓢。众军汉一发上，那桶酒登时吃尽了。杨志见众人吃了无事，自本不吃，一者天气甚热，二乃口渴难熬，拿起来只吃了一半；另自写，又写得曲折夭矫。枣子分几个吃了。那卖酒的汉子说道："这桶酒被那客人饶一瓢吃了，少了你些酒，我今饶了你众人半贯钱罢。"不惟尚有闲力写此闲文，亦借半贯钱，映衬出十万贯金珠，以为一笑也。众军汉凑出钱来还他，那汉子收了钱，挑了空桶，依然唱着山歌自下冈子去了。写出即溜。那七个贩枣子的客人，立在松树傍边，指着这一十五人说道："倒也！倒也！"只见这十五个人头重脚轻，一个个面面厮觑，都软倒了。那七个客人从松树林里推出这七辆江州车儿，把车子上枣子都丢在地上，何争在这几个枣子，适已言之矣。将这十一担金珠宝贝都装在车子内，遮盖好了，叫声："聒噪！"四字绝倒。○一十五人应应之云，厚扰。一直望黄泥冈下推去了。杨志口里只是叫苦，软了身体，挣扎不起；十五人眼睁睁地看着那七个人写来妙绝，三十只眼，看十四只脚去了。都把这金宝装了去，只是起不来，挣不动，说不得。九字妙文。

我且问你，这七人端的是谁？奇笔。○如杜诗题下，亦有公自注也。不是别人，原来正是晁盖、吴用、公孙胜、刘唐、三阮这七个。明画。却才那个挑酒的汉子，便是白日鼠白胜。明画。却怎地用药？原来挑上冈子时，两桶都是好酒。七个人先吃了一桶，明画。刘唐揭起桶盖，又兜了半瓢吃，故意要他们看着，只是叫人死心搭地。明画。次后吴用去松林里取出药来，抖在瓢里，只做走来饶他酒吃，把瓢去兜时，药已搅在酒里，明画。假意兜半瓢吃，那白胜劈手夺来，倾在桶里，明画。这个便是计策。那计较都是吴用主张，这个唤做“智取生辰纲”。直解至题。

原来杨志吃得酒少，便醒得快，爬将起来，前文杨志也吃酒，只吃得一半，我谓既已吃矣，何争一半，及读至此，始知前文吃少之妙。便于十五人中，先提出杨志，不与彼十四人者，聚头作计，烦聒不已也。兀自捉脚不住。看那十四个人时，先看一看。口角流涎，都动不得。杨志愤闷道：“不争你把了生辰纲去，教俺如何回去见得梁中书？这纸领状须缴不得！”就扯破了。领状。“如今闪得俺有家难奔，有国难投，待走那里去？不如就这冈子上寻个死处！”撩衣破步，望着黄泥冈下便跳。岂有杨志如此，只是作者要住得怕人耳。正是：断送落花三月雨，摧残杨柳九秋霜。毕竟杨志在黄泥冈上寻死，性命如何，且听下回分解。

/ 荐读 /

评点法是一种古色古香的读书方法。它融诗性与理性于一炉，大多是审美的断片，思想的火花。金圣叹批《水浒》《西厢》及其著述，三百多年来风行不衰。其批点文字“灵心妙舌，开后人无限眼界，无限文心”。这个版本的金圣叹批评本《水浒传》，出自专家重新整理的《金圣叹全集(修订版)》。

书　　名：金圣叹批评本水浒传
作　　者：施耐庵
批　　评：金圣叹
出版信息：凤凰出版社 2010 年版

断魂枪[①]

老　舍

/**导读**/　近现代是中国人现代意识觉醒的时代，也是一个前所未有的充满忧患意识的民族主义时代。沙子龙的悲剧，有助于我们对落后民族“历史性的沉沦”加以警惕、反思。

沙子龙的镖局[②]已改成客栈。

东方的大梦没法子不醒了。炮声压下去马来与印度野林中的虎啸。半醒的人们，揉着眼，祷告着祖先与神灵；不大会儿，失去了国土、自由与主权。门外立着不同面色的人，枪口还热着。他们的长矛毒弩，花蛇斑彩的厚盾，都有什么用呢；连祖先与祖先所信的神明全不灵了啊！龙旗[③]的中国也不再神秘，有了火车呀，穿坟过墓破坏着风水。枣红色多穗的镖旗，绿鲨皮鞘的钢刀，响着串铃的口马[④]，江湖上的智慧与黑话，义气与声名，连沙子龙，他的武艺、事业，都梦似的变成昨夜的。今天是火车、快枪，通商与恐怖。听说，有人还要杀下皇帝的头呢！

---

①选自《老舍小说全集(修订版)》第10卷，长江文艺出版社2004年版。有改动。老舍(1899—1966)，原名舒庆春，字舍予，北京人，中国现代作家，作品有《骆驼祥子》《茶馆》等。

②[镖局]保镖的营业机构。

③[龙旗]清朝国旗，上绣大龙。

④[口马]口北(长城以北的地方，主要指张家口以北的河北省北部和内蒙古自治区中部)出产的马。

这是走镖已没有饭吃，而国术[①]还没被革命党与教育家提倡起来的时候。

谁不晓得沙子龙是短瘦、利落、硬棒，两眼明得像霜夜的大星？可是，现在他身上放了肉。镖局改了客栈，他自己在后小院占着三间北房，大枪立在墙角，院子里有几只楼鸽。只是在夜间，他把小院的门关好，熟习熟习他的“五虎断魂枪”。这条枪与这套枪，二十年的工夫，在西北一带，给他创出来：“神枪沙子龙”五个字，没遇见过敌手。现在，这条枪与这套枪不会再替他增光显胜了；只是摸摸这凉、滑、硬而发颤的杆子，使他心中少难过一些而已。只有在夜间独自拿起枪来，才能相信自己还是“神枪沙”。在白天，他不大谈武艺与往事；他的世界已被狂风吹了走。

在他手下创练起来的少年们还时常来找他。他们大多数是没落子[②]的，都有点武艺，可是没地方去用。有的在庙会上去卖艺：踢两趟腿，练套家伙，翻几个跟头，附带着卖点大力丸[③]，混个三吊[④]两吊的。有的实在闲不起了，去弄筐果子，或挑些毛豆角，赶早儿在街上论斤吆喝出去。那时候，米贱肉贱，肯卖膀子力气本来可以混个肚儿圆；他们可是不成：肚量既大，而且得吃口管事儿的[⑤]；干饽饽辣饼子[⑥]咽不下去。况且他们还时常去走会：五虎棍，开路，太狮少狮……虽然算不了什么——比起走镖来——

---

①[国术]指我国传统的武术。

②[落子(lào zi)]也说“落儿”，生活上的着落(指钱财等，只用在“有，没有”后边)。

③[大力丸]江湖艺人卖的一种丸药，吹嘘能包治百病。

④[吊]旧时钱币单位，一般是一千个制钱(明清两代称由本朝铸造通行的铜钱)为一吊。

⑤[管事儿的]这里指有营养、吃了不至于不久又饿的食物。

⑥[辣饼子]剩下的隔夜干粮。

可是到底有个机会活动活动，露露脸。是的，走会捧场是买脸的事，他们打扮的得像个样儿，至少得有条青洋绉裤子，新漂白细市布的小褂，和一双鱼鳞靸鞋[①]——顶好是青缎子抓地虎靴子。他们是神枪沙子龙的徒弟——虽然沙子龙并不承认——得到处露脸，走会得赔上俩钱，说不定还得打场架。没钱，上沙老师那里去求。沙老师不含糊，多少不拘，不让他们空着手儿走。可是，为打架或献技去讨教一个招数，或是请给说个“对子”——什么空手夺刀，或虎头钩进枪——沙老师有时说句笑话，马虎过去：“教什么？拿开水浇吧！”有时直接把他们赶出去。他们不大明白沙老师是怎么了，心中也有点不乐意。

可是，他们到处为沙老师吹腾，一来是愿意使人知道他们的武艺有真传授，受过高人的指教；二来是为激动沙老师：万一有人不服气而找上老师来，老师难道还不露一两手真的么？所以：沙老师一拳就砸倒了个牛！沙老师一脚把人踢到房上去，并没使多大的劲！他们谁也没见过这种事，但是说着说着，他们相信这是真的了，有年月，有地方，千真万确，敢起誓！

王三胜——沙子龙的大伙计——在土地庙拉开了场子，摆好了家伙。抹了一鼻子茶叶末色的鼻烟，他抡了几下竹节钢鞭，把场子打大一些。放下鞭，没向四围作揖，叉着腰念了两句：“脚踢天下好汉，拳打五路英雄！”向四围扫了一眼：“乡亲们，王三胜不是卖艺的；玩艺儿会几套，西北路上走过镖，会过绿林[②]中的朋友。现在闲着没事，拉个场子陪诸位玩玩。有爱练的尽管下来，

①[靸(sǎ)鞋]鞋帮纳得很密，前脸较深，上面缝着皮梁的布鞋。

②[绿(lù)林]西汉末年王匡、王凤等领导农民起义，聚集在绿林山(今湖北大洪山一带)。后来用“绿林”泛指聚集山林反抗官府或抢劫财物的集团。

王三胜以武会友，有赏脸的，我陪着。神枪沙子龙是我的师傅；玩艺地道！诸位，有愿下来的没有？”他看着，准知道没人敢下来，他的话硬，可是那条钢鞭更硬，十八斤重。

王三胜，大个子，一脸横肉，努着对大黑眼珠，看着四围。大家不出声。他脱了小褂，紧了紧深月白色的“腰里硬[1]”，把肚子杀进去。给手心一口吐沫，抄起大刀来：

“诸位，王三胜先练趟瞧瞧。不白练，练完了，带着的扔几个；没钱，给喊个好，助助威。这儿没生意口。好，上眼[2]！”

大刀靠了身，眼珠努出多高，脸上绷紧，胸脯子鼓出，像两块老桦木根子。一跺脚，刀横起，大红缨子在肩前摆动。削砍劈拨，蹲越闪转，手起风生，忽忽直响。忽然刀在右手心上旋转，身弯下去，四围鸦雀无声，只有缨铃轻叫。刀顺过来，猛的一个“跺泥”，身子直挺，比众人高着一头，黑塔似的。收了势：“诸位！”一手持刀，一手叉腰，看着四围。稀稀的扔下几个铜钱，他点点头。“诸位！”他等着，等着，地上依旧是那几个亮而削薄的铜钱，外层的人偷偷散去。他咽了口气：“没人懂！”他低声的说，可是大家全听见了。

“有功夫！”西北角上一个黄胡子老头儿答了话。

“啊？”王三胜好似没听明白。

“我说：你——有——功——夫！”老头子的语气很不得人心。

放下大刀，王三胜随着大家的头往西北看。谁也没看重这个老人：小干巴个儿，披着件粗蓝布大衫，脸上窝窝瘪瘪，眼陷进

---

①[腰里硬]练武之人扎的宽而硬的腰带。

②[上眼]请观众注意看。

去很深，嘴上几根细黄胡，肩上扛着条小黄草辫子，有筷子那么细，而绝对不像筷子那么直顺。王三胜可是看出这老家伙有功夫，脑门亮，眼睛亮——眼眶虽深，眼珠可黑得像两口小井，深深的闪着黑光。王三胜不怕：他看得出别人有功夫没有，可更相信自己的本事，他是沙子龙手下的大将。

“下来玩玩，大叔！”王三胜说得很得体。

点点头，老头儿往里走。这一走，四外全笑了。他的胳臂不大动；左脚往前迈，右脚随着拉上来，一步步的往前拉扯，身子整着[①]，像是患过瘫痪病。蹭到场中，把大衫扔在地上，一点没理会四围怎样笑他。

“神枪沙子龙的徒弟，你说？好，让你使枪吧；我呢？”老头子非常的干脆，很像久想动手。

人们全回来了，邻场要狗熊的无论怎么敲锣也不中用了。

“三截棍进枪吧？”王三胜要看老头子一手，三截棍不是随便就拿得起来的家伙。

老头子又点点头，拾起家伙来。

王三胜努着眼，抖着枪，脸上十分难看。

老头子的黑眼珠更深更小了，像两个香火头，随着面前的枪尖儿转，王三胜忽然觉得不舒服，那俩黑眼珠似乎要把枪尖吸进去！四外已围得风雨不透，大家都觉出老头子确是有威。为躲那对眼睛，王三胜耍了个枪花。老头子的黄胡子一动：“请！”王三胜一扣枪，向前躬步，枪尖奔了老头子的喉头去，枪缨打了一个红旋。老人的身子忽然活展了，将身微偏，让过枪尖，前把一

①［身子整着］双臂不动，身体僵硬地走路。

挂，后把撩王三胜的手。拍，拍，两响，王三胜的枪撒了手。场外叫了好。王三胜连脸带胸口全紫了，抄起枪来；一个花子，连枪带人滚了过来，枪尖奔了老人的中部。老头子的眼亮得发着黑光；腿轻轻一屈，下把掩裆，上把打着刚要抽回的枪杆；拍，枪又落在地上。

场外又是一片彩声。王三胜流了汗，不再去拾枪，努着眼，木在那里。老头子扔下家伙，拾起大衫，还是拉拉着腿，可是走得很快了。大衫搭在臂上，他过来拍了王三胜一下："还得练哪，伙计！"

"别走！"王三胜擦着汗，"你不离，姓王的服了！可有一样，你敢会会沙老师？"

"就是为会他才来的！"老头子的干巴脸上皱起点来，似乎是笑呢。"走；收了吧；晚饭我请！"

王三胜把兵器拢在一处，寄放在变戏法二麻子那里，陪着老头子往庙外走。后面跟着不少人，他把他们骂散了。

"你老贵姓？"他问。

"姓孙哪，"老头子的话与人一样，都那么干巴，"爱练；久想会会沙子龙。"

沙子龙不把你打扁了！王三胜心里说。他脚底下加了劲，可是没把孙老头落下。他看出来，老头子的腿是老走着查拳[①]门中的连跳步；交起手来，必定很快。但是，无论他怎么快，沙子龙是没对手的。准知道孙老头要吃亏，他心中痛快了些，放慢了些脚步。

---

①[查(zhā)拳]武术拳种。相传创始于明末，是回族人查尚义所传留，共十路。

“孙大叔贵处?”

“河间的,小地方。”孙老者也和气了些,“月棍年刀一辈子枪,不容易见功夫!说真的,你那两手就不坏!”

王三胜头上的汗又回来了,没言语。

到了客栈,他心中直跳,惟恐沙老师不在家,他急于报仇。他知道老师不爱管这种事,师弟们已碰过不少回钉子,可是他相信这回必定行,他是大伙计,不比那些毛孩子;再说,人家在庙会上点名叫阵,沙老师还能丢这个脸么?

“三胜,”沙子龙正在床上看着本《封神榜》①,“有事吗?”

三胜的脸又紫了,嘴唇动着,说不出话来。

沙子龙坐起来,“怎么了,三胜?”

“栽了跟头!”

只打了个不甚长的哈欠,沙老师没别的表示。

王三胜心中不平,但是不敢发作;他得激动老师:“姓孙的一个老头儿,门外等着老师呢;把我的枪,枪,打掉了两次!”他知道“枪”字在老师心中有多大分量。没等吩咐,他慌忙跑出去。

客人进来,沙子龙在外间屋等着呢。彼此拱手坐下,他叫三胜去泡茶。三胜希望两个老人立刻交了手,可是不能不沏茶去。孙老者没话讲,用深藏着的眼睛打量沙子龙。沙很客气:

“要是三胜得罪了你,不用理他,年纪还轻。”

孙老者有些失望,可也看出沙子龙的精明。他不知怎样好了,不能拿一个人的精明断定他的武艺。“我来领教领教枪法!”他不由地说出来。

---

①[《封神榜》]即《封神演义》,明许仲琳编撰,讲述武王伐纣的故事,多有仙佛斗法的描写,以姜子牙封诸神和周武王分封诸侯作结。

沙子龙没接碴儿。王三胜提着茶壶走进来——急于看二人动手，他没管水开了没有，就沏在壶中。

“三胜，”沙子龙拿起个茶碗来，“去找小顺们去，天汇见，陪孙老者吃饭。”

“什么!”王三胜的眼珠几乎掉出来。看了看沙老师的脸，他敢怒而不敢言地说了声“是啦!”走出去，噘着大嘴。

“教徒弟不易!”孙老者说。

“我没收过徒弟。走吧，这个水不开！茶馆去喝，喝饿了就吃。”沙子龙从桌子上拿起缎子褡裢①，一头装着鼻烟壶②，一头装着点钱，挂在腰带上。

“不，我还不饿!”孙老者很坚决，两个“不”字把小辫从肩上抡到后边去。

“说会子话儿。”

“我来为领教领教枪法。”

“功夫早搁下了，”沙子龙指着身上，“已经放了肉!”

“这么办也行，”孙老者深深的看了沙老师一眼，“不比武，教给我那趟五虎断魂枪。”

“五虎断魂枪?”沙子龙笑了，“早忘干净了！早忘干净了！告诉你，在我这儿住几天，咱们各处逛逛，临走，多少送点盘川③。”

“我不逛，也用不着钱，我来学艺!”孙老者立起来，“我练趟给你看看，看够得上学艺不够!”一屈腰已到了院中，把楼鸽都吓

---

①[褡裢(dā lian)]长方形的口袋，中央开口，两端各成一个袋子，装钱物用，一般分大小两种，大的可以搭在肩上，小的可以挂在腰带上。

②[鼻烟壶]装鼻烟的小瓶。鼻烟，由鼻孔吸入的粉末状的烟。

③[盘川]方言，意思是路费。

飞起去。拉开架子，他打了趟查拳：腿快，手飘洒，一个飞脚起去，小辫儿飘在空中，像从天上落下来一个风筝；快之中，每个架子都摆得稳、准，利落；来回六趟，把院子满都打到，走得圆，接得紧，身子在一处，而精神贯串到四面八方。抱拳收势，身儿缩紧，好似满院乱飞的燕子忽然归了巢。

“好！好！”沙子龙在台阶上点着头喊。

“教给我那趟枪！”孙老者抱了抱拳。

沙子龙下了台阶，也抱着拳：“孙老者，说真的吧；那条枪和那套枪都跟我入棺材，一齐入棺材！”

“不传？”

“不传！”

孙老者的胡子嘴动了半天，没说出什么来。到屋里抄起蓝布大衫，拉拉着腿：“打搅了，再会！”

“吃过饭走！”沙子龙说。

孙老者没言语。

沙子龙把客人送到小门，然后回到屋中，对着墙角立着的大枪点了点头。

他独自上了天汇，怕是王三胜们在那里等着。他们都没有去。

王三胜和小顺们都不敢再到土地庙去卖艺，大家谁也不再为沙子龙吹腾；反之，他们说沙子龙栽了跟头，不敢和个老头儿动手；那个老头子一脚能踢死个牛。不要说王三胜输给他，沙子龙也不是他的“个儿”。不过呢，王三胜到底和老头子见了个高低，而沙子龙连句硬话也没敢说。“神枪沙子龙”慢慢似乎被人们忘了。

夜静人稀，沙子龙关好了小门，一气把六十四枪刺下来；而后，拄着枪，望着天上的群星，想起当年在野店荒林的威风。叹一口气，用手指慢慢摸着凉滑的枪身，又微微一笑，“不传！不传！”

/ **荐读** /

傻二凭着“辫子神功”，名震天津。他那条乌黑油亮的大辫子，被称为“神鞭”。他参加义和团后，洋人的枪弹令他无比震惊，他自知神鞭再厉害也挡不住洋枪洋炮。于是他毅然割了辫子，废了神鞭，再一次变革了祖上传下来的功夫，改用洋枪。

书　　名：神　鞭
作　　者：冯骥才
出版信息：文汇出版社 2003 年版

温暖和百感交集的旅程

温暖和百感交集的旅程[1]

余　华

/**导读**/　“我对那些伟大作品的每一次阅读，都会被它们带走。我就像是一个胆怯的孩子，小心翼翼地抓住它们的衣角，模仿着它们的步伐，在时间的长河里缓缓走去，那是温暖和百感交集的旅程。”这便是作家余华二十年来的奇妙阅读体验！

我经常将川端康成和卡夫卡的名字放在一起，并不是他们应该在一起，而是出于我个人的习惯。我难以忘记1980年冬天最初读到《伊豆的歌女》时的情景，当时我二十岁，我是在浙江宁波靠近甬江的一间昏暗的公寓里与川端康成相遇。五年之后，也是在冬天，也是在水边，在浙江海盐一间临河的屋子里，我读到了卡夫卡。谢天谢地，我没有同时读到他们。当时我年轻无知，如果文学风格上的对抗过于激烈，会使我的阅读不知所措和难以承受。在我看来，川端康成是文学里无限柔软的象征，卡夫卡是文学里极端锋利的象征；川端康成叙述中的凝视缩短了心灵抵达事物的距离，卡夫卡叙述中的切割扩大了这样的距离；川端康成是肉体的迷宫，卡夫卡是内心的地狱；川端康成如同盛开

---

①选自《温暖和百感交集的旅程》，作家出版社2012年版。余华，1960年生，中国现代作家，作品有《活着》《许三观卖血记》等。

的罂粟花使人昏昏欲睡，卡夫卡就像是流进血管的海洛因令人亢奋和痴呆。我们的文学接受了这样两份绝然不同的遗嘱，同时也暗示了文学的广阔有时候也存在于某些隐藏的一致性之中。川端康成曾经这样描述一位母亲凝视死去女儿时的感受："女儿的脸生平第一次化妆，真像是一位出嫁的新娘。"类似起死回生的例子在卡夫卡的作品中同样可以找到。《乡村医生》中的医生检查到患者身上溃烂的伤口时，他看到了一朵玫瑰红色的花朵。

这是我最初体验到的阅读，生在死之后出现，花朵生长在溃烂的伤口上。对抗中的事物没有经历缓和的过程，直接就是汇合，然后同时拥有了多重品质。这似乎是出于内心的理由，我意识到伟大作家的内心没有边界，或者说没有生死之隔，也没有美丑和善恶之分，一切事物都以平等的方式相处。他们对内心的忠诚使他们写作时同样没有了边界，因此生和死、花朵和伤口可以同时出现在他们的笔下，形成叙述的和声。

我曾经迷恋于川端康成的描述，那些用纤维连接起来的细部，我说的就是他描述细部的方式。他叙述的目光无微不至，几乎抵达了事物的每一条纹路，同时又像是没有抵达，我曾经认为这种若即若离的描述是属于感受的方式。川端康成喜欢用目光和内心的波动去抚摸事物，他很少用手去抚摸，因此当他不断地展示细部的时候，他也在不断地隐藏着什么。被隐藏的总是更加令人着迷，它会使阅读走向不可接近的状态，因为后面有着一个神奇的空间，而且是一个没有疆界的空间，可以无限扩大，也可以随时缩小。为什么我们在阅读之后会掩卷沉思？这是因为我们需要走进那个神奇的空间，并且继续行走。这样的品质也在卡夫卡和马尔克斯，以及其他更多的作家那里出现，这也是我喜爱《礼拜二午睡时刻》的一个原因。

加西亚·马尔克斯是无可争议的大师，而且生前就已获此殊荣。《百年孤独》塑造了一个天马行空的作家的偶像，一个将想象力尽情挥霍的偶像，其实马尔克斯在叙述里隐藏着小心翼翼的克制，正是这两者间激烈的对抗，造就了伟大的马尔克斯。《礼拜二午睡时刻》所展示的就是作家克制的才华，这是一个在任何时代都有可能出现的故事，因此也是任何时代的作家都有可能写下的故事。我的意思是它的主题其实源远流长，一个母亲对儿子的爱。虽然作为小偷的儿子被人枪杀的事实会令任何母亲不安，然而这个经过了长途旅行，带着已经枯萎的鲜花和唯一的女儿，来到这陌生之地看望亡儿之坟的母亲却是如此的镇静。马尔克斯的叙述简洁和不动声色，人物和场景仿佛是在摄影作品中出现，而且他只写下了母亲面对一切的镇静，镇静的后面却隐藏着无比的悲痛和宽广的爱。为什么神父都会在这个女人面前不安？为什么枯萎的鲜花会令我们战栗？马尔克斯留下的疑问十分清晰，疑问后面的答案也是同样的清晰，让我们觉得自己已经感受到了，同时又觉得自己的感受还远远不够。

卡夫卡的作品，我选择了《在流放地》。这是一个使人震惊的故事，一个被遗弃的军官和一架被遗弃的杀人机器，两者间的关系有点像是变了质的爱情，或者说他们的历史是他们共同拥有的，少了任何一个都会两个同时失去。应该说，那是充满了荣耀和幸福的历史。故事开始时他们的蜜月已经结束，正在经历着毁灭前凋零的岁月。旅行家——这是卡夫卡的叙述者——给予了军官回首往事的机会，另两个在场的人都是士兵，一个是

“张着大嘴，头发蓬松”，即将被处决的士兵，还有一个是负责解押的士兵。与《变形记》这样的作品不同，卡夫卡没有从一开始就置读者于不可思议的场景之中，而是给予了我们一个正常的开端，然后向着不可思议的方向发展。随着岁月的流逝，机器的每一个部分都有了通用的小名，军官向旅行家介绍：“底下的部分叫做‘床’，最高的部分叫‘设计师’，在中间能够上下移动的部分叫做‘耙子’。”还有特制的粗棉花，毛毡的小口衔，尤其是这个在处死犯人时塞进他们嘴中的口衔，这是为了阻止犯人喊叫的天才设计，也是卡夫卡叙述中令人不安的颤音。由于新来的司令官对这架杀人机器的冷漠，部件在陈旧和失灵之后没有得到更换，于是毛毡的口衔上沾满了一百多个过去处死犯人的口水，那些死者的气息已经一层层地渗透了进去，在口衔上阴魂不散。因此当那个“张着大嘴，头发蓬松”的犯人的嘴刚刚咬住口衔，立刻闭上眼睛呕吐起来，把军官心爱的机器“弄得像猪圈一样”。卡夫卡有着长驱直入的力量，仿佛匕首插入身体，慢慢涌出的鲜血是为了证实插入行为的可靠，卡夫卡的叙述具有同样的景象，细致、坚实和触目惊心，而且每一段叙述在推进的同时也证实了前面完成的段落，如同匕首插入后鲜血的回流。因此，当故事变得越来越不可思议的时候，故事本身的真实性不仅没有削弱，反而增强。然后，我们读到了军官疯狂同时也是合理的举动，他放走了犯人，自己来试验这架快要崩溃的机器，让机器处死自己。就像是一对殉情的恋人，他似乎想和机器一起崩溃。这个有着古怪理想的军官也要面对那个要命的口衔。卡夫卡这样写道：“可以看得出来军官对这口衔还是有些勉强，可是他只是躲闪了一小会，很快就屈服了，把口衔纳进了嘴里。”

我之所以选择《在流放地》，是因为卡夫卡这部作品留在叙述上的刻度最为清晰，我所指的是一个作家叙述时产生力量的支点在什么地方？这位思维变幻莫测的作家，这位让读者惊恐不安和难以预测的作家究竟给了我们什么？他是如何用叙述之砖堆砌了荒诞的大厦？《在流放地》清晰地展示了卡夫卡叙述中伸展出去的枝叶，在对那架杀人机器细致入微的描写里，这位作家表达出了和巴尔扎克同样准确的现实感，这样的现实感也在故事的其他部分不断涌现，正是这些拥有了现实依据的描述，才构造了卡夫卡故事的地基。事实上他所有的作品都是如此，只是人们更容易被大厦的荒诞性所吸引，从而忽视了建筑材料的实用性。

布鲁诺·舒尔茨的《鸟》和若昂·吉马朗埃斯·罗萨的《河的第三条岸》也是同样如此。《鸟》之外我还选择了舒尔茨另外两部短篇小说，《蟑螂》和《父亲的最后一次逃走》。我认为只有这样，在《鸟》中出现的父亲的形象才有可能完整起来。我们可以将它们视为一部作品中的三个章节，况且它们的篇幅都是十分简短。舒尔茨赋予的这个“父亲”，差不多是我们文学中最为灵活的形象。他在拥有了人的形象之外，还拥有了鸟、蟑螂和螃蟹的形象，而且他在不断地死去之后，还能够不断地回来。这是一个空旷的父亲，他既没有人的边界，也没有动物的边界，仿佛幽灵似的飘荡着，只要他依附其上，任何东西都会散发出生命的欲望。因此，他是一个实实在在的生命，可以说是人的生命。舒尔茨的描述是那样的精确迷人，“父亲”无论是作为人出现，还是作为鸟、蟑螂或者螃蟹出现，他的动作和形态与他生命所属的种族都有着完美的一致性。值得注意的是，舒尔茨与卡夫卡一样，当故事在不可思议的环境和突如其来的转折中跳跃时，叙述始终是扎实有力的，所有的事物被展示时都有着现实的触摸感和亲切感。尽管舒尔茨的故事比卡夫卡更加随意，然而叙述的原则是一致的。就像格里高里·萨姆沙和甲虫互相拥有对方的习惯，“父亲”和蟑螂或者螃蟹的结合也使各自的特点既鲜明又融洽。

若昂·吉马朗埃斯·罗萨在《河的第三条岸》也塑造了一个父亲的形象，而且也同样是一个脱离了父亲概念的形象，不过他没有去和动物结合，他只是在自己的形象里越走越远，最后走出了人的疆域，有趣的是，这时候他仍然是一个活生生的人。这个永不上岸的父亲，使罗萨的故事成为一个永不结束的故事。这位巴西作家在讲述这个故事时，没有丝毫离奇之处，似乎是一个和日常生活一样真实的故事，可是它完全不是一个日常生活的故事，它给予读者的震撼是因为它将读者引向了深不可测的心灵的夜空，或者说将读者引向了河的第三条岸。罗萨、舒尔茨和卡夫卡的故事共同指出了荒诞作品存在的方式，他们都是在人们熟悉的事物里进行并且完成了叙述，而读者却是鬼使神差地来到了完全陌生的境地。这些形式荒诞的作家为什么要认真地和现实地刻画每一个细节？因为他们在具体事物的真实上有着难以言传的敏锐和无法摆脱的理解，同时他们的内心总是在无限地扩张，因此他们作品的形式也会无限扩张。

在卡夫卡和舒尔茨之后，辛格是我选择的第三位来自犹太民族的作家。与前两位作家类似，辛格笔下的人物总是难以摆脱流浪的命运，这其实是一个民族的命运。不同的是，卡夫卡和舒尔茨笔下的人物是在内心的深渊里流浪，辛格的人物则是行走在现实之路上。这也是为什么辛格的人物充满了尘土飞扬的气息，而卡夫卡和舒尔茨的人物一尘不染，因为后者生活在想象的深处。然而，他们都是迷途的羔羊。《傻瓜吉姆佩尔》是一部震撼灵魂的杰作，吉姆佩尔的一生在短短几千字的篇幅里得到了几乎是全部的展现，就像写下了浪尖就是写下整个大海一样，辛格的叙述虽然只是让吉姆佩尔人生的几个片段闪闪发亮，然而他全部的人生也因此被照亮了。这是一个比白纸还要洁白的灵魂，他的名字因为和傻瓜紧密相连，他的命运也就书写了一部受骗和被欺压的历史。辛格的叙述是如此的质朴有力，当吉姆佩尔善良和忠诚地面对所有欺压他和欺骗他的人时，辛格表达了人的软弱的力量，这样的力量发自内心，也来自深远的历史，因此它可以战胜所有强大的势力。故事的结尾催人泪下，已经衰老的吉姆佩尔说："当死神来临时，我会高高兴兴地去。不管那里会是什么地方，都会是真实的，没有纷扰，没有嘲笑，没有欺诈。赞美上帝！在那里，即使是吉姆佩尔，也不会受骗。"此刻的辛格似乎获得了神的目光，他看到了，也告诉我们：有时候最软弱的也会是最强大的。就像《马太福音》第十八章所讲述的故事。门徒问耶稣："天国里谁是最大的？"耶稣叫来了一个小孩，告诉门徒："凡自己谦卑像这小孩子的，他在天国里就是最大的。"

据我所知，鲁迅和博尔赫斯是我们文学里思维清晰和思维敏捷的象征，前者犹如山脉隆出地表，后者则像是河流陷入了进去，这两个人都指出了思维的一目了然，同时也展示了思维存在的两种不同方式。一个是文学里令人战栗的白昼，另一个是文学里使人不安的夜晚；前者是战士，后者是梦想家。这里选择的

《孔乙己》和《南方》，都是叙述上惜墨如金的典范，都是文学中精瘦如骨的形象。在《孔乙己》里，鲁迅省略了孔乙己最初几次来到酒店的描述，当孔乙己的腿被打断后，鲁迅才开始写他是如何走来的。这是一个伟大作家的责任，当孔乙己双腿健全时，可以忽视他来到的方式，然而当他腿断了，就不能回避。于是，我们读到了文学叙述中的绝唱。“忽然间听得一个声音，‘温一碗酒。’这声音虽然极低，却很耳熟。看时又全没有人。站起来向外一望，那孔乙己便在柜台下对了门槛坐着。”先是声音传来，然后才见着人，这样的叙述已经不同凡响，当“我温了酒，端出去，放在门槛上”，孔乙己摸出四文大钱后，令人战栗的描述出现了，鲁迅只用了短短一句话，“见他满手是泥，原来他是用这手走来的”。

这就是我为什么热爱鲁迅的理由，他的叙述在抵达现实时是如此的迅猛，就像子弹穿越了身体，而不是留在了身体里。与作为战士的鲁迅不同，作为梦想家的博尔赫斯似乎深陷于不可知的浪漫之中，他那简洁明快的叙述里，其实弥漫着理性的茫然，而且他时常热衷于这样的迷茫，因此他笔下的人物常常是头脑清楚，可是命运模糊。当他让虚弱不堪的胡安·达尔曼捡起匕首去迎接决斗，也就是迎接不可逆转的死亡时，理性的迷茫使博尔赫斯获得了现实的宽广，他用他一贯的方式写道：“如果说，达尔曼没有了希望，那么，他也没有了恐惧。”

鲁迅的孔乙己仿佛是记忆凝聚之后来到了现实之中，而《南方》中的胡安·达尔曼则是一个努力返回记忆的人。叙述方向的不同使这两个人物获得了各自不同的道路，孔乙己是现实的和可触摸的，胡安·达尔曼则是神秘的和难以把握的。前者从记忆出发，来到现实；后者却是从现实出发，回到记忆之中。鲁迅和博尔赫斯似乎都怀疑岁月会抚平伤疼，因此他们笔下的人物只会在自己的厄运里越走越远，最后他们殊途同归，消失成为他们共同的命运。值得注意的是，现实的孔乙己和神秘的胡安·达尔曼，都以无法确定的方式消失："我到现在终于没有见——大约孔乙己的确死了。""达尔曼手里紧紧地握着匕首，也许他根本不知道怎么使用它，就出了门，向草原走去。"

拉克司奈斯的《青鱼》和克莱恩的《海上扁舟》是我最初阅读的记录，它们记录了我最初来到文学身旁时的忐忑不安，也记录了我当时的激动和失眠。这是二十年前的往事了，如果没有拉克司奈斯和克莱恩的这两部作品，还有川端康成的《伊豆的歌女》，我想，我也许不会步入文学之门。就像很多年以后，我第一次看到伯格曼的《野草莓》后，才知道什么叫电影一样，《青鱼》和《海上扁舟》在二十年前就让我知道了什么是文学。直到现在，我仍然热爱着它们，这并不是因为它们曾使我情窦初开，而是它们让我知道了文学的持久和浩瀚。这两部短篇小说都只是叙述了一个场景，一个在海上，另一个在海边。这似乎是短篇小说横断面理论的有力证明，问题是伟大的短篇小说有着远远超过篇幅的纬度和经度。《海上扁舟》让我知道了什么是叙述的力量，一叶漂浮在海上的小舟，一个厨子，一个加油工人，一个记者，还有一个受伤的船长，这是一个抵抗死亡，寻找生命之岸的故事。史蒂芬·克莱恩的才华将这个单调的故事拉长到一万字以上，而且丝丝入扣，始终激动人心。拉克司奈斯的《青鱼》让我明白了史诗不仅仅是篇幅的漫长，有时候也会在一部简洁的短篇小说中出现。就像瓦西里·康定斯基所说的"一种无限度的红色只能由大脑去想象”,《青鱼》差不多是完美地体现了文学中浩瀚的品质,它在极其有限的叙述里表达了没有限度的思想和情感,如同想象中的红色一样无边无际。

这差不多是我二十年来阅读文学的经历,当然还有更多的作品这里没有提及。我对那些伟大作品的每一次阅读,都会被它们带走。我就像是一个胆怯的孩子,小心翼翼地抓住它们的衣角,模仿着它们的步伐,在时间的长河里缓缓走去,那是温暖和百感交集的旅程。它们将我带走,然后又让我独自一人回去。当我回来之后,才知道它们已经永远和我在一起了。

一九九九年四月三十日

/ 荐读 /

余华坚信,是读者的经历养育了他写作的能力。他说:“我像是一个营养不良的孩子那样保持了阅读的饥渴,我可以说是用喝的方式去阅读那些经典作品。最近几年当我写作这些随笔作品时,我重读了里面很多的篇章,我感到自己开始用品尝的方式去阅读了。我意外地发现品尝比喝更加惬意。”从“喝”到“品尝”,在随笔集《温暖和百感交集的旅程》里,余华将为你展现一座秘密的花园。

书　　名:温暖和百感交集的旅程
作　　者:余　华
出版信息:作家出版社 2012 年版

童年读书[①]

莫　言

/**导读**/　他替别人拉了一上午的磨，他身上被蚂蚁、蚊虫咬出了一片片的疙瘩，他头肿得像柳斗、眼睛肿成了一条缝，他挨了一巴掌后竟然非常愉快，他心里怅然若失、无心听课……他，就是童年的莫言，而这一切只是因为“迷恋读书”！

我童年时的确迷恋读书。那时候既没有电影更没有电视，连收音机都没有。只有在每年的春节前后，村子里的人演一些《血海深仇》《三世仇》之类的忆苦戏。在那样的文化环境下，看“闲书”便成为我的最大乐趣。我体能不佳，胆子又小，不愿跟村里的孩子去玩上树下井的游戏，偷空就看“闲书”。父亲反对我看“闲书”，大概是怕我中了书里的流毒，变成个坏人；更怕我因看“闲书”耽误了割草放羊；我看“闲书”就只能像地下党搞秘密活动一样。

后来，我的班主任家访时对我的父母说，其实可以让我适当地看一些“闲书”，形势才略有好转。但我看“闲书”的样子总是不如背诵课文或是背着草筐、牵着牛羊的样子让我父母看着

①选自《会唱歌的墙》，作家出版社2012年版。莫言，1955年生，原名管谟业，中国现代作家，2012年获诺贝尔文学奖，作品有《红高粱家族》《生死疲劳》《蛙》等。

顺眼。人真是怪，越是不让他看的东西、越是不让他干的事情，他看起来、干起来越有瘾，所谓偷来的果子吃着香就是这道理吧！

我偷看的第一本“闲书”，是绘有许多精美插图的神魔小说《封神演义》，那是班里一个同学的传家宝，轻易不借给别人。我为他家拉了一上午磨才换来看这本书一下午的权利，而且必须在他家磨道里看并由他监督着，仿佛我把书拿出门就会去盗版一样。这本用汗水换来短暂阅读权的书留给我的印象十分深刻，那骑在老虎背上的申公豹、鼻孔里能射出白光的郑伦、能在地下行走的土行孙、眼里长手手里又长眼的杨任，等等等等，一辈子也忘不掉啊，所以前几年在电视上看了连续剧《封神演义》，替古人不平，如此名著竟被糟蹋得不成模样。其实这种作品是不能弄成影视的，非要弄，我想只能弄成动画片，像《大闹天宫》《唐老鸭和米老鼠》那样。

后来又用各种方式把周围几个村子里流传的几部经典，如《三国演义》《水浒传》《儒林外史》之类，全弄到手看了。

那时我记忆力真好，用飞一样的速度阅读一遍，书中的人名就能记全，主要情节便能复述，描写爱情的警句甚至能成段地背诵，现在完全不行了。后来又把“文革”前那十几部著名小说读遍了。

记得从一个老师手里借到《青春之歌》时已是下午，明明知道如果不去割草羊就要饿肚子，但还是挡不住书的诱惑，一头钻到草垛后，一下午就把大厚本的《青春之歌》读完了。身上被蚂蚁、蚊虫咬出了一片片的疙瘩，从草垛后晕头胀脑地钻出来，已是红日西沉。我听到羊在圈里狂叫，饿的，心里忐忑不安，等待着一顿痛骂或是痛打。但母亲看看我那副样子，宽容地叹息一声，没骂我也没打我，只是让我赶快出去弄点草喂羊。我飞快地窜出家院，心情好得要命，那时我真感到了幸福。

我的二哥也是个书迷，他比我大五岁，借书的路子比我要广得多，常能借到我借不到的书。但这家伙不允许我看他借来的书。他看书时，我就像被磁铁吸引的铁屑一样，悄悄地溜到了他的身后，先是远远地看，脖子伸得老长，像一只喝水的鹅，看着看着就不由自主地靠了前。他知道我溜到他的身后，就故意地将书页翻得飞快，我一目十行地阅读才能勉强跟上趟。他很快就会烦，阖上书，一掌把我推到一边去。但只要他打开书页，很快我就会凑上去。他怕我趁他不在时偷看，总是把书藏到一些稀奇古怪的地方，就像革命样板戏《红灯记》里的地下党李玉和藏密电码一样。但我比日本宪兵队长鸠山高明得多，我总是能把我二哥费尽心机藏起来的书找到；找到后自然又是不顾一切，恨不得把书一口吞到肚子里去。

有一次他借到一本《破晓记》，藏到猪圈的棚子里。我去找书时，头碰了马蜂窝，嗡地一声响，几十只马蜂蜇到脸上，奇痛难挨。但顾不上痛，抓紧时间阅读，读着读着眼睛就睁不开了。头肿得像柳斗，眼睛肿成了一条缝。我二哥一回来，看到我的模样，好像吓了一跳，但他还是先把书从我手里夺出来，拿到不知什么地方藏了，才回来管教我。他一巴掌差点把我扇到猪圈里，然后说：“活该！”我恼恨与疼痛交加，呜呜地哭起来。他想了一会，可能是怕母亲回来骂，便说：“只要你说是自己上厕所时不小心碰到了马蜂窝，我就让你把《破晓记》读完。”我非常愉快地同意了。但到了第二天，我脑袋消了肿，去跟他要书时，他马上就不认账了，我发誓今后借了书也决不给他看，但只要我借回了他没读过的书，他就使用暴力抢去先看。

有一次，我从同学那里好不容易借到一本《三家巷》，回家后一头钻到堆满麦秸草的牛棚里，正看得入迷，他悄悄地摸进来，一把将书抢走，说："这书有毒，我先看看，帮你批判批判！"他把我的《三家巷》揣进怀里跑走了。我好恼怒！但追又追不上他，追上了也打不过他，只能在牛棚里跳着脚骂他。几天后，他将《三家巷》扔给我，说："赶快还了去，这书流氓极了！"我当然不会听他的。我怀着甜蜜的忧伤读《三家巷》，为书里那些小儿女的纯真爱情而痴迷陶醉。旧广州的水气市声扑面而来，在耳际鼻畔缭绕。一个个人物活灵活现，仿佛就在眼前。当我读到区桃在沙面游行被流弹打死时，趴在麦秸草上低声抽泣起来。我心中那个难过，那种悲痛，难以用语言形容。那时我大概九岁吧，六岁上学，念到三年级的时候。

看完《三家巷》，好长一段时间里，我心里怅然若失，无心听课，眼前老是晃动着美丽少女区桃的影子，手不由己地在语文课本的空白处写满了区桃。班里的干部发现了，当众羞辱我，骂我是大流氓，并且向班主任老师告发，老师批评我思想不健康，说我中了"资产阶级思想的流毒"。几十年后，我第一次到广州，串遍大街小巷想找区桃，可到头来连个胡杏都没碰到，我问广州的朋友，区桃哪里去了？朋友说：区桃们白天睡觉，夜里才出来活动。

读罢《三家巷》不久，我从一个很赏识我的老师那里借到了一本《钢铁是怎样炼成的》。

晚上，母亲在灶前忙饭，一盏小油灯挂在门框上，热腾腾的烟雾缭绕着。我个头矮，只能站在门槛上就着如豆的灯光看书。我沉浸在书里，头发被灯火烧焦也不知道。保尔和冬妮娅，肮脏的烧锅炉小工与穿着水兵服的林务官的女儿的迷人的初恋，实在是让我梦绕魂牵，跟得了相思病差不多。多少年过去了，那些当年活现在我脑海里的情景还历历在目。保尔在水边钓鱼，冬妮娅坐在水边树杈上读书……哎，哎，咬钩了，咬钩了……鱼并没咬钩。冬妮娅为什么要逗这个衣衫褴褛、头发蓬乱、浑身煤矿灰的穷小子呢？冬妮娅出于一种什么样的心态？保尔发了怒，冬妮娅向保尔道歉。然后保尔继续钓鱼，冬妮娅继续读书。她读的什么书？是托尔斯泰还是屠格涅夫？她垂着光滑的小腿在树杈上读书，那条乌黑粗大的发辫，那双湛蓝清澈的眼睛……保尔这时还有心钓鱼吗？如果是我，肯定没心钓鱼了。从冬妮娅向保尔真诚道歉那一刻起，童年的小门关闭，青春的大门猛然敞开了，一个美丽的、令人遗憾的爱情故事开始了。我想，如果冬妮娅不向保尔道歉呢？如果冬妮娅摆出贵族小姐的架子痛骂穷小子呢？那《钢铁是怎样炼成的》就没有了。一个高贵的人并没意识到自己的高贵才是真正的高贵；一个高贵的人能因自己的过失向比自己低贱的人道歉是多么可贵。我与保尔一样，也是在冬妮娅道歉那一刻爱上了她。说爱还早了点，但起码是心中充满了对她的好感，阶级的壁垒在悄然地瓦解，接下来就是保尔和冬妮娅赛跑，因为恋爱忘了烧锅炉；劳动纪律总是与恋爱有矛盾，古今中外都一样。美丽的贵族小姐在前面跑，锅炉小工在后边追……最激动人心的时候到了：冬妮娅青春焕发的身体有意无意地靠在保尔的胸膛上……看到这里，幸福的热泪从高密东北乡的傻小子眼里流了下来。接下来，保尔剪头发，买衬衣，到了冬妮娅家做客……我是三十多年前读的这本书，之后再没翻过，但一切都在眼前，连一个细节都没忘记。

我当兵后看过根据这部小说改编的电影，但失望得很，电影中的冬妮娅根本不是我想象中的冬妮娅。保尔和冬妮娅最终还是分道扬镳，成了两股道上跑的车，各奔了前程。当年读到这里时，我心里那种滋味难以说清。我想如果我是保尔……但可惜我不是保尔……我不是保尔也忘不了临别前那无比温馨甜蜜的一夜……冬妮娅家那条凶猛的大狗，狗毛温暖，冬妮娅皮肤凉爽……冬妮娅的母亲多么慈爱啊，散发着牛奶和面包的香气……后来在筑路工地上相见，但昔日的恋人之间竖起了黑暗的墙，阶级和阶段斗争多么可怕。但也不能说保尔不对，冬妮娅即使嫁给了保尔，也注定不会幸福，因为这两个人之间的差别实在太大了。保尔后来又跟那个共青团干部丽达恋爱，这是革命时期的爱情，尽管也有感人之处，但比起与冬妮娅的初恋，缺少了那种缠绵悱恻的情调。最后，倒霉透顶的保尔与那个苍白的达雅结了婚。这桩婚事连一点点浪漫情调也没有，看到此处，保尔的形象在我童年的心目中就暗淡无光了。

读完《钢铁是怎样炼成的》，“文化大革命”就爆发了，我童年读书的故事也就完结了。

/ 荐读 /

伍尔夫被誉为“20 世纪最伟大的小说家之一”，是英国文坛的前卫开拓者之一，现代主义文学与女性主义潮流的先锋。然而，她一生从未在正规学校接受过教育，书籍是她的良师益友，阅读成为她的生活习惯。透过《伍尔夫读书随笔》，你将看到伍尔夫理性、坦率、自由、敏锐、犀利的眼神，触碰到她细腻而独特的心灵。

书　　名：伍尔夫读书随笔
作　　者：[英]弗吉尼亚·伍尔夫
译　　者：刘文荣
出版信息：文汇出版社 2006 年版

一千无光之年[①]

筱　敏

/**导读**/　“今年母亲不在了，从前的家也不在了”，百无聊赖之际，筱敏和奥兹《爱与黑暗的故事》相遇。后来，她说：“无论是好的时代还是坏的时代，无论是被珍视还是被鄙夷，书都会在世界上漂流辗转，寻找内心需要黏合与抚摩的人，你向它呼救，即使相隔千里万里，即使相隔一千无光之年，书还是会跋涉而来找到你。”

过年了，天很冷，身上也冷，冷到骨头缝里。

满街流布着金的红的年的气味，然而还是冷。几十年以后我总算懂了，母亲何以每年都那样热衷于在家里制造热闹的“年味”，因为她冷，年老的时候更冷。那年的大年初一，母亲就是急于接听一个拜年电话，忘了自己病体的问题，跌倒，从此卧床不起。那个电话对她紧要至此，好比冻僵的人遇到柴薪。今年母亲不在了，从前的家也不在了。从今年开始，我要学着母亲，把年的颜色张挂在我现在的家里，虽然我觉不出新岁的来临有什么值得欢庆，和寒潮一同袭来的，只是旧年逝去的伤悼和悲辛。

身体不适给了我清静，得以读完奥兹的《爱与黑暗的故事》。

①选自《重建中文之美·立场》，百花洲文艺出版社 2013 年版。筱敏，1955 年生，中国现代作家，作品有《女性的天空》等。

名作家的自传总是这样开始的:“家里到处是书。父亲能用十六七种语言阅读,能说十一种语言。母亲讲四五种语言,能看懂七八种。”除了深吸一口气,还有什么可说,名家总是优越的,例证很多。但随着叙述的展开,我发现事情完全不是通常的那样,阅读的过程根本不是泛舟于湖光山色,而是在往深海下潜,打不住,尽管几乎窒息。在人的深切痛苦中,作家的才华退到了背后,攫住我的是人的悲剧。

读完全书,忍不住再回头翻,原来奥兹在中文版前言中已经告诉过我们,他的每一个句子都是诚恳的,没有一处闪烁其词。它是浩阔的,也是细微的,是诗性的,也是质朴的,作家的才华都在庄重之中,一如“耶路撒冷的石头”。

作家如是概括自己这部巨制:“假如你一定要我用一个词形容我书中所有的故事,我会说:家庭。要是你允许我用两个词形容,我会说:不幸的家庭。”开始的时候我想,这可能吗?一个以色列作家。生于1939年。父亲来自历史复杂的敖德萨,经历过乌克兰、俄罗斯、十月革命、内战、贫困、审查、恐惧、逃亡。母亲来自归宿不定的罗夫诺,遭受过俄国—波兰—俄国—德国—俄国来回地占领和吞并,斯大林的屠杀和希特勒的屠杀。就是在一路的颠沛流离中,在民族反复的撕裂、吞并、征服、反抗、逃亡、背弃、乞求融和、夹罅求存的过程中,这个家庭获得了令人惊羡的语言能力。这不是优越,而是不幸。这样的背景之下,家庭已经不是我们通常所说的分子,“单一的主题”已经不可能单一,所谓不幸,也就不仅仅是家庭的不幸。

然而奥兹还是旨在这单一的主题。浩阔的主题风沙一样扫来扫去,很是喧响,独行的人终究还是孤身一人。无论民族的甚或人类的主题多么巨大,所有的不幸汇聚到个人那里,最终还是个人的不幸。

托尔斯泰的名言:“幸福的家庭都是相似的,不幸的家庭各有各的不幸。”下这断言时托尔斯泰还很年轻,到他八旬之年弃家出走时他又将如何言说呢? 事实上,当我们说幸福的家庭的时候,我们通常只是在想象,把我们并不了解的人家镶入理想规格的取景框里,却裁掉了那些不合规格的部分,因为距离,因为隔膜,我们看不见也不愿看见还有那些部分。家庭不是人类最初的乌托邦,却是人类最后的乌托邦,人们总需要一个乌托邦以寄托自己的理想和温情。奥兹写道:“在我看来,家庭是世界上最为奇怪的机构,在人类的发明中最为神秘,最富喜剧色彩,最具悲剧成分,最为充满悖论,最为矛盾,最为引人入胜,最令人为之辛酸。”而我是一个悲观主义者,在我看来,喜剧轻如鸿毛,是随风飘逝的,一如喜庆的年节再怎么经营都短暂,而沉下来的都是悲剧,说到底,所有的家庭都各有各的不幸。

人需要相当的阅历,方能读懂自己的父母,方能读懂自己,这就是奥兹所说“当我觉得看见父母仿佛看见子女,看见祖父母仿佛看见孙儿孙女时才开始写”的原因。拥抱自己的亲人容易,但抚摩一个人的内心很难,需要明敏的感受能力、浩大的悲悯,也需要耐心。人的内心与钻石那一类硬物全然两样,它纤细、绵密、柔软,是要小心轻放的易碎物品。

而世界由硬物构成,岩石和沙漠,金钱和权力,枪和炮,屠杀和占领,将碎片重新砌起房子是粗硬的重活,在石隙里栽树也是,敌视很硬,漠视很硬,命运的打击很硬,曾经握在一起相互温暖的手,终于也长满了粗硬的茧子。幸福是有的,在粗硬的茧子里。

奥兹十二岁的时候，他的母亲自杀了。幸福的镜框猝然摔在地上，变成粉碎性的不幸。

不幸先是打在母亲身上，母亲抵抗，把自己变成一朵蘑菇伞，一直竭力保护自己的儿子。从儿子牙牙学语开始，她便与丈夫联手筑堡垒，只教儿子说希伯来语，以防儿子懂得任何一种欧洲语言，长大后受致命的诱惑前往欧洲，在那里遭到杀害。她给予儿子的故事是黑莓和蓝莓、块菌和蘑菇，山妖、精灵，森林深处的魔法小屋、峡湾对岸的古城堡，山洞里的幽灵爱上了砍柴人的妻子，动物的内心世界，铸纽扣的人……而把裹挟着自己的黑暗挡在故事外面，假如可能的话，也挡在家庭生活的外面。另一个与森林有关的故事，她只用儿子听不懂的俄语和波兰语说，只和来自故乡的女友说：森林、飞鸟、蘑菇、茶藨子和草莓，就在那个她曾经和伙伴们围着篝火唱歌的地方，德国人在坑边上射击屠杀，两天内大概有两万五千人丧生，几乎所有的老师和同学、邻居、朋友、熟人……所有这些人。更深而隐秘的故事肯定还有，她不知道该用什么语种，更不知道能和谁说，心灵的语种比所有人类的语种都要复杂、精微，不可捉摸，难以表述，仅仅是黑暗，就能剥离出千层万层。她感受得到每一层的差异，冷暖，以致把内心揉成碎片。

连她自己也不知道该把内心的碎片怎么办，它们形状复杂，甚至碎成齑粉，她只有包裹起来方能走到人前。心灵的每一碎片都是有痛觉神经的，这我知道。我相信她曾试图整理，一次再次，这等同于求生。求生的愿望是人最强烈的愿望，然而却是一次再次陷入黑暗。她自然也试图求助于亲人，但她一定会发现，当她刚刚把包裹打开一个小口，亲人就闭上眼睛扭过头去，那些齑粉太可怕了，令亲人烦恼，不知所措，从而焦躁、厌倦，甚至心生怨怼，他们宁愿相信没有那些齑粉。毕竟谁都愿意生活健康安宁，谁都害怕并拒绝病痛，亲人也一样。她对亲人的反应极端敏感，立刻就重新裹起来了。一次的打开和裹起带来一次新的更可怖的崩溃，包裹内的物质更黑暗了，这只有她自己知道。所谓的分担是不可能的，一个人的病痛是一堆负担，摊在地上不能止痛，还徒然绊倒别人。她把那些黑暗物质收回到自己身上，把身外的家整理好，于是生活恢复了常态，幸福重新再来。

这个女子微笑，许多年后儿子还记得这是没有微笑的微笑。"她的故事不是从开头讲起，也不是以大团圆的结局结束，而是在灰暗朦胧中闪烁不定，千回百转，刹那间从薄暮中现出，令你惊奇，令人脊梁颤抖，继之，在你尚未来得及看出眼前是什么时又消失在黑暗之中。"她告诉儿子："你的耳朵在夜里听到的所有声音，几乎都可以用不止一种的方式来进行解释。"但儿子年幼，可能很难明白，裹挟她的黑暗太深重了，那是她发出的求救呼声。

她的内心由硬物包裹，密密层层不能穿过，但曾经有人想要穿过吗？没有人看见的病痛就不是病痛，正如未经说出的苦难——这么说吧，事实证明的是，未经大声呼喊，反复讲述的苦难，全世界都愿意相信根本不曾发生。

所谓幸福，是静止不动的，而生活不能静止不动。

幸福在这个女子的一生可以概括于两个画面，一个在她的少女时代，家中的墙壁曾悬挂过幸福，那是一幅镶在镀金画框中的绘画：一个比公主还漂亮的金发牧羊女，由白羊和牧草、田野和薄云环抱着，身穿绣花衬衫和镶花边的三层衬裙。和这样的幸福生活在一起，这个女子总是沉默的，她只会自我逃避。但突然有一天，当姊妹们又在谈论那幅画时，这个沉默的女子勃然大怒："闭嘴！你们两个人都给我闭嘴，你们怎么能这么胡说八道，那是一幅不真实的画，包含了极为道德沦丧的东西。"她憎恨那幅画，对那里面的幸福报以鄙夷和唾弃，那个昂贵的画家如此轻浮地忽略苦难，把现实生活粉饰成某种瑞士巧克力盒子上的风光，这样的幸福对于她就像横遭毒蝎的蹂躏。

另一幅静止的画面，是儿子记忆里的：周末，阳光，草地和树林，一个幸福的家庭，"母亲背靠大树坐在那里，父亲和我枕着她的膝头，母亲抚摸着我们二人"。许多年后，儿子终于读懂了这画面：

"但是我知道他们经历着怎样的痛苦吗？"

"他们二人呢？我父亲知道她的苦楚吗？母亲理解他的苦难吗？"

"我们之间相隔一千光年。不是光年，是暗年。"

"即使那一刻，那是我童年时代最为宝贵的一刻，我们之间也隔着一千无光之年。"

许多年以后儿子终于懂了，而母亲当时就懂。没有光，她便应该是一条光，抚摸自己的亲人。她是靠某种浪漫主义准则生存的，向往世上本不存在的某个地方，流连在崇高、痛苦、梦幻与孤独之间的模糊地带，有着弃儿的内省。她关注他人的感受，是一个"非凡的听众"，沉默地注视和倾听别人，而这也是世界分配给女人的角色。男人们不住地说，陶醉于他们渊博的知识，他们的工作，创造性的斗争，计划与成就，因她深邃的理解而生光膨胀,他们赞誉她为“一个真正受到神灵启迪的读者,每位作家孤独地在书房里艰苦劳作时都梦幻着拥有这样的读者”。但倒过来读她的人是没有的,她过着完全孤独无助的生活,已经不再期待任何一条光照进她的黑暗物质了。

她蜷在椅子里读书,看雨,失眠,夜复一夜,头痛,“有些东西在一点一点地消耗着她,她的动作已经开始让人感觉到一种缓慢,或是心不在焉。”她在黑暗的家里游魂似的游来游去,找不到安放自己睡眠的宿地,她摸黑枯坐窗前,凝视黑洞洞的夜,以致眼睛也干枯深陷,两个黑晕的半月浮在下沿……所有的这一切对于我来说都近在咫尺,她的无眠之夜就在我的黑夜里,她的头痛就在我的颅腔里,她的雨就在我的心脏里,所有这些我都清楚看见,我都感同身受,所有这一切。

我不否认这个女子有她的体质缺陷和性格缺陷,其最大的缺陷是忧郁,她缺乏快乐的基因,缺乏我们称之为健康的忘却能力,这是一种病症。健康的人都自体携带麻药,并且积极寻求麻药,而她没有。健康的人能够自我淡化痛苦,消解痛苦,而她却纠缠,甚至死死纠缠。她本能地抵抗旨在钝化神经的医治,各色各样的安眠药对她都无济于事。

黑暗物质沉积入她的内心,夜复一夜增加重量,这是她个人的负重,旁人是意识不到的。一峰骆驼负重行走难道不是生活的常态吗?一捆草既然没有造成危机,一根草当然也不会。谁也不知道她是以怎样的挣扎来保持生活的常态的。终于有一天,她垮了。崩塌下来的黑暗物质压垮了家庭和亲人,只有这时候亲人才知道那物质的重量。她太年轻了,到底考虑不周,她一定没有充分估量,她的坍塌是如此残酷地摧毁了她的儿子,她所爱的人。

“怎么会这样！这么美丽！这么年轻！这么聪颖！才华横溢！”人们不会了解，在这背后是这么孤独，这么痛苦，这么绝望，永夜难明。

“如此受苦受难的灵魂，愿她的灵魂安宁！她遭受了很多苦难，因为她洞察了人们的心灵。”的确如此，她爱人们，关切人们，不幸也洞察人们。

就在她离去之前两天，她还宽慰亲人说，没有必要为她担心，最坏的时候已经过去。我相信她一直是渴望生的，她想要挺住，她没有预料到崩塌会在瞬间来临。

我认为我懂得这个故事，懂得故事中的人，母亲和儿子。我感激他们。

我愿意相信最坏的时候已经过去，我希望这种时常出错的估计对于我是真的。

作家说他小时候的希望是长大当一本书，不是一个作家，而是一本书。因为一本书不像一个作家那样容易被杀死，虽然有火的追杀，但一本书终究比一个人更容易藏匿下来，在某个国家某个角落幸存。书是一条纤细的生命线。还有，母亲曾告诉他：“书与人一样可以随时间而变化，但有一点不同，当人不再能够从你那里得到好处、快乐、利益或者至少不能从你那里得到好的感觉时，总是会对你置之不理，而书永远也不会抛弃你。自然，你有时会将书弃之不顾，或许几年，或许永远。而它们呢，即使你背信弃义，也从来不会背弃你——它们会在书架上默默地谦卑地将你等候。它们会等上十年。它们不会抱怨，直至一天深夜，当你突然需要一本书，即便时已凌晨三点，即便那是你已经抛弃并从心上抹去了多年的一本书，它也不会令你失望，它会从架子上下来，在你需要它的那一刻陪伴你。”我要补充的一点是，无论是好的时代还是坏的时代，无论是被珍视还是被鄙夷，书都会在世界上漂流辗转，寻找内心需要黏合与抚摩的人，你向它呼救，即使相隔千里万里，即使相隔一千无光之年，书还是会跋涉而来找到你。

有这样一本书终于来到我这里，我深感幸运。

/ **荐读** /

母亲的死充满了神秘感，奥兹一生都在探寻其中的奥秘。小说《爱与黑暗的故事》仿佛是在以探险的方式揭示一个谜：聪慧、慷慨、儒雅、相互体谅的两个好人——作者的父母——是如何一同酿造一场悲剧的？而这些故事又都在动荡不安的历史背景中发生。悲剧往往更接近生活的本质，看清这个世界，再去热爱它，我们别无选择。

书　　名：爱与黑暗的故事
作　　者：[以色列]阿摩司·奥兹
译　　者：钟志清
出版信息：译林出版社 2007 年版

琉璃厂[1]

黄　裳

/**导读**/　黄裳被人们称为“一代书痴”，他钟情于古籍收藏、整理，藏书量巨大，且多为孤本、稿本和精本。与众多藏书爱好者一样，他的心里也珍藏着一个令他魂牵梦萦的地方：文玩字画琳琅满目，旧书铺子鳞次栉比，文人雅士毕至云集的北京琉璃厂。

三年前来北京，住了十天。琉璃厂也去过一次，不过只是匆匆地走了一转，前后一总不过半小时。后来曾在一篇文章中说起，那次来京，没有买到一本旧书，没有听过一次京戏，觉得可惜。不料这句话被朋友记住了。这次他特地到吉祥去买了两张票，又约我吃过中饭一起到琉璃厂去看旧书。使我一下子弥补了三年前的两种缺憾，真是值得感谢。

六月初的骄阳已经很有点可怕了。马路平直而宽阔，不过路边的行道树却稀疏而矮小，提供不了多少绿荫。走过全聚德烤鸭楼大厦，走过鲁迅先生当年演讲过的地方——师大院外高墙，随后发现了一座有如小型汽车加油站似的“一得阁”墨汁店。加紧脚步，好不容易才奔到了琉璃厂。看见在荣宝斋对面正加

①选自《珠还记幸》，生活·读书·新知三联书店1985年版。黄裳（1919—2012），中国现代散文家、藏书家、版学家，作品有《榆下说书》《黄裳论剧杂文》等。

紧恢复兴建原有书铺的门面与店房。“邃雅斋”和“来薰阁”的原址都已出现了青砖砌成的铺面，除了柱子是水泥构件以外，其他似乎都保存了原貌。橱窗镶上了精细镂花的木框，还没有油漆。这一切看了使人高兴，在大太阳底下也不禁伫立了好半晌。

接着我们就走进了中国书店。朋友和在这里工作的两位老店员相熟，我们被邀坐下来喝茶，看书，谈天。这一切都还能使人依稀想见当年琉璃厂的风貌。不过几十年过去，一切到底已经不再是从前的旧样了。

翻翻零本旧书，居然也买到了几册，没有空手而归。

《百喻经》二卷，一九一四年会稽周氏施银托金陵刻经处刻本。这是有名的书。三十七年前我在南京曾亲自跑到刻经处买过一本，不过已是新印，印刷、纸张都远不及这一本。但这是否就是原跋所称最初印的“功德书一百本”之一，却也难说，但初印则是无疑的。

此书已由江苏人民出版社印行，是为纪念鲁迅一百周年诞辰而重印的，而且有两种版本。但到底都不如这原刻的可爱。也许这就是为许多人所嘲笑的“古董气”，不过我想多少有一点也不要紧。

《悲盦居士文存一卷，诗剩一卷》，赵之谦撰，光绪刻本。作为书画金石家，赵撝叔的声誉近来是空前地高涨了，印谱、画集都出版了不少。但他的诗文却极少为人所知。这虽然不过是光绪刻本，但并不多见，“诗剩”我还是第一次见到。薄薄的一本诗集，中间却有不少史料。太平天国攻下杭州，赵之谦逃到温州，这样，“辛酉以后诗”中就往往有记兵事和乱离情景的篇章，小注记事尤详。“二劝”诗并前序记平阳“金钱会”与瑞安团练“白布会"斗争情形甚详尽,是珍贵的史料。当然赵之谦是站在清朝官方一边的,他对太平天国的议论自然可想而知。

使我惊异的是,赵之谦对吕晚村也深恶痛绝,没有别的理由,只因吕是雍正帝钦定"罪大恶极"的"逆案"首要。诗注说:"南阳讲习堂,留良居室也。籍没后犁为田。今则荒烟蔓草矣。"这是吕晚村故居的结局。诗注又说:"然理学大儒合之谋反大逆,言行不相顾,不应至斯极也。往居都下,见书摊上有钞本留良论学书数篇,邵阳魏君源加墨其上,言留良人当诛,言不可废。余不谓然,取归摧烧之。"

这种推理方法与行动今天看来都是奇怪的。在赵㧑叔看来,"理学大儒"必然应该也是忠臣,如与这模式不合,就是"言行不相顾"了。当然更不必追究逆案的是非曲直。这是从典型的僵化头脑中产生的思想,是极有价值的一种标本。魏源就和他大不同,虽然不能不承认"其人当诛",但却肯定了其人的思想,至少他明白两者之间应有区别。但赵之谦不能同意,取来一把扯碎烧掉了。这种行为简直不像是一个艺术家干得出来的。思想僵化之后就有可能化为卤莽灭裂以至疯狂,这里就是一个好证据。

像这样的旧书,是算不得"善本"的,但买到之后还是感到喜欢。这大概就是所谓"书癖"了吧。不用说更早,就是五十年代,像这样的书也多半没有上架的资格,它们大抵睡在地摊上。三十年来,琉璃厂(以至全国)旧书身价的"升格"是惊人的,根本的原因是旧书来源之濒于绝迹。这在我们的闲谈中也是触及了的,书的来源日渐稀少,这与全国机关学校大小图书馆的搜购有关。经营旧书的从业者也大大零落。仅有的一两位老同志都已白发盈颠，接班人则还没有成批成长起来，青年同志对这一“寂寞”的行业也缺乏热情。谈话中彼此都不免感到有点沉重，但也想不出什么“妙策”。

前一天正好访候了周叔弢先生。九十三岁的高龄了，他的精神依旧极好，眼睛能看小字，记忆力也一点都没有衰退。只是耳朵有点背了。只要一提起书来，还是止不住有许多话想说，他说的自然都是“老话”，但有许多是值得思索的。

他听说琉璃厂在重建了，非常高兴。但又担心，这些老字号恢复以后，有没有供应市场充足的货色，有没有精通业务的从业员，读者、买书人能不能从琉璃厂获得过去那种精神、物质上的满足，好像都是问题。

典籍、文物、艺术品、纸墨笔砚……，这些都不是单纯的商品，过去读者逛琉璃厂也不只是为了来买书。我想，我们至今还没有足够的、标准的、门类齐全的图书馆、博物馆，但在过去，我们却有很好的替代物。例如，人们到琉璃厂来在某种意义上说是奔向一所庞大的、五彩缤纷的爱国主义大学校、展览馆。不只能看，还能尽情欣赏、摩挲品味，可能时还能买回去。这是一座文化超级市场，门类之广博，品种之丰富，新奇货色的不时出现，对寻求知识的顾客带有强烈的诱惑。这一切，今天的博物馆、书店……一切文化设施都不可能完全代替。人们在这里得到知识，还受到传统精神文明的熏染、教养；封建文化中有精华也有糟粕，但归根结底爱国主义内容的比重是占着重要地位的。

过去人们到琉璃厂的书铺里来，可以自由地坐下来与掌柜的谈天，一坐半日，一本书不买也不要紧。掌柜的是商人也是朋友，有些还是知识渊博的版本目录学家。他们是出色的知识信息传播者与咨询人，能提供有价值的线索、踪迹和学术研究动向，自然终极目的还是做生意，但这并非唯一的内容。至少应该说他们做生意的手段灵活多样，又是富于文化气息的。

在书店里灌了几碗茶，依旧救不了燥渴，这时就不禁想到在左近曾有过一家“信远斋”。小小的屋子，门上挂着门帘，屋里有擦得干干净净的旧八仙桌、方凳，放在角落里的几只盛酸梅汤的瓷缸。那凉沁心脾、有桂花香气、厚重得有如琥珀的酸甜汁水，真是想想也会从舌底沁出津液来。那不过是用“土法”冰镇的，但在我的印象里却觉得无论怎样先进的冷冻设备都不可能达到同样的效果。也许关键不只在“冷”，选料、配方、制作也有极大的关系。这样的“汤”吃了两碗以后就再也喝不下了，真是“三碗不过冈”。酸梅汤现在是到处可见了，人们一致公认这是好东西，还制成了卤、粉、汽水……，但好像都与信远斋的味道有些两样。

不久前在银幕上曾出现过一批以北京地方为背景的作品，其中有些是相当突出的优秀制作。《茶馆》《骆驼祥子》《城南旧事》《如意》《知音》……。广大观众对此表现了浓厚的兴趣。能不能把这看作一种“怀旧”的风呢？从现象上看好像很有点像。但这与好莱坞曾掀起过的怀旧浪潮并不就是一码事。像这样的社会文化现象的出现，那原因往往是非常复杂的。过去的事物中确有值得怀念的东西，历史不能割断，记忆难以遗忘，这是极自然的。不同人对同一事物的看法则大不相同，好恶也两样。往往许多人都喜欢某种东西，但取舍之点并不一致。鲁迅也是爱逛琉璃厂的，但与某些遗老遗少就全然不同。鲁迅北来也到过信远斋，买的是蜜饯，那是因为天冷了，酸梅汤已经落市了的缘故。

从几十年前起，在北京这地方就一直有许多人在不断地“怀旧”。遗老们怀念他们的“故国”，军阀徒党怀念他们的“大帅”，……随着岁月的推移，这中间很换了不少花样。但这与住在北京的普通老百姓的牵连则不大。比较复杂的是作为文化积累的种种事物。有几百年历史的名城，这种积累是大量的、丰富的。好吃的菜肴、点心，大家都爱吃；故宫、北海……旅游者也一致赞叹。吃着“仿膳”的小窝窝头而缅怀慈禧皇太后的，今天怕已没有；游昆明湖而写出吊隆裕皇太后的《颐和园词》的王国维，也早已跳进湖里死掉了。总之，许多事物，在今天已只因其现实意义而为人民所记住，多时不见了就怀念。至于这些事物产生发展的政治历史背景，一般人是不大注意的，或简直忘却。这是完全不同的一种“怀旧”，与任何时代的遗老遗少都扯不到一起去。

研究近代文化史文学史的专家，还没有把注意力更多地集中到近几十年以北京为中心产生的许多文化现象上，其实我倒觉得这是颇重要的，是了解新文化运动的产生与发展必不可少的环节。

以谭鑫培为代表的谭腔、以程砚秋为代表的程腔，为什么先后在北京这地方风靡了一世，我想这和当时的政治局势、人民心理都有极密切的关系。他们创造的新腔，正好表现了人民抑郁、愤激的复杂心情，新腔的特点是低回与亢奋的交错与统一。旧有的声腔，无论是黄钟大吕或响遏行云都已无法加以宣泄了。谭、程的声腔是不同的，这些差异也正好细致地反映了他们所处不同时代的细微变化。

以黄晦闻（节）为代表的新型宋诗流派，或“同光体”的发展继续，也可以看作一种时代的声音。梁启超喜欢集宋词断句作对联，同时搞这花样的还有一大批人。如其中有名的一联“更能消几番风雨，最可惜一片江山”，就不能看作简单的文字游戏。它道出了住在北方的中国人的普遍心情。姚茫父（华）曾为琉璃厂的南纸店画过一套小小的笺样，每幅选吴文英词句，用简练的线条加以表现，我以为也不失为杰出的作品。画面境界的萧瑟荒寒，不只表现了画家自己同时也是人民的情怀。

三十年代林语堂编的《宇宙风》上，发表过不少记载北京风土、人情的文字，后来汇成了一本《北平一顾》，这应该说是有代表性的典型怀旧之作。过去我一直觉得这是没有积极意义的小品文、小摆设，发抒的是没落的感情与趣味。但后来想，这些文字都作于“九一八”与“七七”之间，那正是北平几乎已被国民党政府放弃了的时候，那么，这些文字就不能简单地划入闲适小品，而应更深入地体会那纸背的声音。

在那段时期，像这样的社会文化现象并不是个别的、孤立的。综合起来就能较为全面地反映人民的内心活动。在许多艺术家或并非艺术家说来，这就是他们反映社会现实的独特方法。

时代发展、社会变革必然要使许多事物化为陈迹，这有时是不可避免的、理所当然的。其中也有一些是还应该存留，或以新的面貌恢复存在的。无论是哪一种情形，我们都应该加以分析、研究，为之作出可信的历史总结。这将为我们带来很大的好处。从而保持必要的清醒，不致陷入胡涂的、低级趣味的怀旧的泥坑，也可避免做出可笑的蠢事。对社会上存在或曾经存在过的一切事物，人们都必须表态，回避不了。而这正是对人们思想是否健康、成熟的一种考验。

一九八三年六月十日

/ **荐读** /

读书、买书、藏书，这无疑是古今中外读书人共爱的雅事，非独20世纪中国知识分子为然。然而，在时代齿轮高速运转的今天，常常放不下一张平静的书桌。让我们掀起20世纪帘幕的一角，去看看那一群生活在多事之秋的读书人，走进他们的“书生活”。

书　　名：读书读书
编　　者：陈平原
出版信息：复旦大学出版社
2005年版

再见，故乡

乡下人哪儿去了①

王开岭

/**导读**/　作者写“乡下人”，寻找“乡下人”，是为了“纪念原配的世界和消逝的美”。作者说“城门内的，未必是城市人”。其实，在商品经济大潮的冲击下，住在乡下的，也未必就是作者“儿时的乡下人”。

私以为，人间的味道有两种：一是草木味，一是荤腥味。

年代也分两款：乡村品格和城市品格。

乡村的年代，草木味浓郁；城市的年代，荤腥味呛鼻。

心灵也一样，乡村是素馅的，城市是肉馅的。

沈从文叹息：乡下人太少了。

是啊，他们哪儿去了呢？

何谓乡下人？显然非地理之意。说说我儿时的乡下。

70年代，随父母住在沂蒙山区一个公社，逢开春，山谷间就荡起“赊小鸡哎赊小鸡”的吆喝声，悠长、飘曳，像歌。所谓赊小鸡，即用先欠后还的方式买新孵的鸡崽，卖家是游贩，挑着担子翻山越岭，你赊多少鸡崽，他记在小本子上，来年开春他再来时，

①选自《古典之殇——纪念原配的世界》，书海出版社2010年版。王开岭，1969年生，山东滕州人，中国现代作家，作品有《激动的舌头》《黑暗中的锐角》《跟随勇敢的心》等。

你用鸡蛋顶账。当时，我脑袋瓜还琢磨，你说，要是欠债人搬了家或死了，或那小本子丢了，咋办？岂不冤大头？

多年后我突然明白了，这就是乡下人。

来春见。来春见。

没有弯曲的逻辑，用最简单的约定，做最天真的生意。能省的心思全省了。

如今，恐怕再没有赊小鸡的了。

原本只有乡下人。

城市人——这个新品种不知从哪儿冒了出来。他们擅算术、精谋略，每次打交道，乡下人总吃亏。于是，进城的人越来越多。

山烧成了砖料、劈成了石材，树削成了板块、熬成了纸浆……田野的膘，滚滚往城里走。

城市一天天肥起来，乡村一天天瘪下去，瘦瘦的，像芝麻粒。

城门内的，未必是城市人。

城市人，即高度“市”化，以复杂和厚黑为能、以博弈和争夺见长的人。

20世纪前，虽早早有了城墙，有了集市，但城里人还是乡下人，骨子里仍住着草木味儿。

古商铺，大清早就挂出两面幌子，一曰“童叟无欺”，一曰“言不二价”。

一热一冷。我尤喜第二幅的脾气，有点牛，但以货真价实自居。它严厉得让人信任，傲慢得给人以安全感。

如今，大街上到处跌水促销、跳楼甩卖，到处喜笑颜开的优惠卡、打折券，反让人觉得笑里藏刀、不怀好意。

前者是草木味，后者是荤腥味。

老北京一酱肉铺子，名“月盛斋”，尤其“五香酱羊肉”，火了近两百年。它有俩规矩：羊须是内蒙草原的上等羊；为保质量，每天仅炖两锅。

某年，张中行去天津，路过杨村，闻一家糕点有名，兴冲冲赶去，答无卖。为什么？没收上来好大米。先生纳闷，普通米不也成吗？总比歇业强啊。伙计很干脆，不成，祖上有规矩。

我想，这规矩，这死心眼的犟，即“乡下人”的涵义。

重温以上旧事，我闻到了一缕浓烈的草木香。

想想乡下人的绝迹，大概就这几十年间的事罢。

盛夏之夜，我再也没遇见过萤火虫，也是近些年的事。

它们都哪儿去了呢？露珠一样蒸发了？

北京国子监胡同，开了一家怀旧物件店，叫“失物招领”，名起得真好。

我们远去的草木，失踪的夏夜和萤火，又到哪儿招领呢？

谁捡到了？

我也幻想开间铺子，就叫“寻人启事”。

或许有一天，我正坐在铺子里昏昏欲睡，门帘一挑——

一位乡下人挑着担子走进来。

满筐的嘤嘤鸡崽。

/ 荐读 /

我们所生活着的这个世界正在以惊人的速度变化着。在工业化、城市化这条路上疾行的我们，离自然越来越远，当初的信仰也被丢弃在一边。在《古典之殇——纪念原配的世界》中，作者以独特的视角、细腻的笔触表达了自己对自然美的无限眷念。这是一部追溯古典、保卫生活、怀念人类童年的书；也是一部唤醒记忆、修复现代感官和心灵美学的书。

书　　名：古典之殇——纪念原配的世界
作　　者：王开岭
出版信息：书海出版社 2010 年版

我的家乡[①]

汪曾祺

/**导读**/ 作者对家乡高邮一往情深。高邮是汪曾祺的“圣境”，文中所写的那些情与景、人和事，在他的小说中都曾出现过，读来是那样的熟悉，那样的亲切，那样的令人神往。

法国人安妮·居里安女士听说我要到波士顿，特意退了机票，推迟了行期，希望和我见一面。她翻译过我的几篇小说。我们谈了约一个小时，她问了我一些问题。其中一个是，为什么我的小说里总有水？即使没有写到水，也有水的感觉。这个问题我以前没有意识到。是这样，这是很自然的。我的家乡是一个水乡，我是在水边长大的，耳目之所接，无非是水。水影响了我的性格，也影响了我的作品的风格。

我的家乡高邮在京杭大运河的下面。我小时候常到运河堤上去玩(我的家乡把到运河堤叫“上河堆”或“上河埫”。“埫”字一般字典上没有，可能是家乡人造出来的字，音淌。“堆”当是“堤”的声转)。我读的小学的西面是一片菜园，穿过菜园就是河堤。我的大姑妈(我们那里对姑妈有个很奇怪的叫法，叫“摆摆”，别处我从未听过有此叫法)的家，出门西望，就看见爬上河

---

①选自《草木春秋》，作家出版社 2011 年版。汪曾祺(1920—1997)，中国现代作家，作品有《受戒》《大淖记事》等。

堤的石级。这段河堤有石级，因此地名“御码头”，康熙或乾隆曾在此泊舟登岸（据说御码头夏天没有蚊子）。运河是一条“悬河”，河底比东堤下的地面高，据说河堤和城墙垛子一般高。站在河堤上，可以俯瞰堤下的街道房屋。我们几个同学，可以指认哪一处的屋顶是谁家的。城外的孩子放风筝，风筝在我们的脚下飘。城里人家养鸽子，鸽子飞起来，我们看到的是鸽子的背。几只野鸭子贴水飞向东，过了河堤，下面的人看见野鸭子飞得高高的。

我们看船。运河里有大船。上水的船多撑篙。弄船的脱光了上身，使劲把篙子梢头顶在肩窝处，在船侧窄窄的舷板上，从船头一步一步走向船尾。然后拖着篙子走回船头，欻一声把篙子投进水里，扎到船底，又顶着篙子，一步一步走向船尾。如是往复不停。大船上用的船篙甚长而极粗，篙头如饭碗大，有锋利的铁尖。使篙的通常是两个人，船左右舷各一人；有时只一个人，在一边。这条船的水程，实际上是他们用脚一步一步走出来的。这种船多是重载，船帮吃水甚低，几乎要浸到船板上来。这些撑篙男人都极精壮，浑身作古铜色。他们是不说话的，大都眉棱很高，眉毛很重。因为长年注视着滚动的水，故目光清明坚定。这些大船常有一个舵楼，住着船老板的家眷。船老板娘子大都很年轻，一边扳舵，一边敞开怀奶孩子，态度悠然。舵楼大都伸出一枝竹竿，晾晒着衣裤，风吹着啪啪作响。

看打鱼。在运河里打鱼的多用鱼鹰。一般都是两条船，一船八只鱼鹰，有时也会有三条、四条，排成阵势。鱼鹰栖在木架上，精神抖擞，如同临战状态。打鱼人把篙子一挥，这些鱼鹰就劈劈啪啪，纷纷跃进水里。只见它们一个猛子扎下去，眨眼工夫，有的就叼了一条鳜鱼上来，——鱼鹰似乎专逮鳜鱼。打鱼人解开鱼鹰脖子上的金属的箍——鱼鹰脖子上都有一道箍，否则它就会把逮到的鱼吞下去，把鳜鱼扔进船舱，奖给它一条小鱼，它就高高兴兴，心甘情愿地又跳进水里去了。有时两只鱼鹰合力抬起一条大鳜鱼上来，鳜鱼还在挣蹦，打鱼人已经一手捞住了。这条鳜鱼够四斤！这真是一个热闹场面。看打鱼的，鱼鹰，都很兴奋激动，倒是打鱼人显得十分冷静，不动声色。

远远地听见嘣嘣嘣嘣的响声，那是在修船造船。嘣嘣的声音是斧头往船板里敲钉。船体是空的，故声音传得很远。待修的船翻扣过来，底朝上。这只船辛苦了很久，它累了，它正在休息。一只新船造好了，油了桐油，过两天就要下水了。看看崭新的船，叫人心里高兴，——生活是充满希望的。船场附近照例有打船钉的铁匠炉，叮叮当当。有碾石粉的碾子，石粉是填船缝用的。有卖牛杂碎的摊子。卖牛杂碎的是山东人。这种摊子上还卖锅盔(一种很厚很大的面饼)。

有时我们到西堤去玩。坐小船，两篙子就到了。西堤外就是高邮湖。我们那里的人都叫它西湖。湖很大，一眼望不到边。很奇怪，我竟没有在湖上坐过一次船。西湖还有一些村镇。我知道一个地名，菱塘桥，想必是个大镇子。我喜欢菱塘桥这个地名，这引起我的向往，但我不知道菱塘桥是什么样子。湖东有的村子，到夏天就把耕牛送到湖西去歇伏。我所住的东大街上，那几天就不断有成队的水牛在大街上慢慢地走过。牛过后，留下很大的一堆一堆牛屎。听说湖西凉快，而且湖西有茭草，牛吃了会消除劳乏，恢复健壮。我于是想象湖西是一片碧绿碧绿的茭草。

高邮湖中，曾有神珠。沈括《梦溪笔谈》载：

> 嘉祐中，扬州有一珠甚大，天晦多见。初出于天长县陂泽中，后转入甓社湖，又后乃在新开湖中，凡十余年，居民行人常常见之。余友人书斋在湖上，一夜忽见其珠甚近，初微开其房，光自吻中出，如横一金线，俄顷忽张壳，其大如半席，壳中白光如银，珠大如拳。烂然不可正视，十余里间林木皆有影，如初日所照，远处但见天赤如野火，倏然远去，其行如飞，浮于波中，杳杳如日。古有明月之珠，此珠色不类月，荧荧有芒焰，殆类日光。崔伯易尝为《明珠赋》。伯易，高邮人，盖常见之。近岁不复出，不知所往。樊良镇正当珠往来处，行人至此，往往维船数宵以待观，名其亭为"玩珠"。

这就是"秦邮八景"的第一景"甓社珠光"。沈括是很严肃的学者，所言凿凿，又生动细致，似乎不容怀疑。这是个什么东西呢？是一颗大珠子？嘉祐到现在也才九百多年，已经不可究诘了。高邮湖亦称珠湖，以此。我小时学刻图章，第一块刻的就是"珠湖人"，是一块肉红色的长方形图章。

湖通常是平静的，透明的。这样一片大水，浩浩淼淼（湖上常常没有一艘船），让人觉得有些荒凉，有些寂寞，有些神秘。

黄昏了。湖上的蓝天渐渐变成浅黄、橘黄，又渐渐变成紫色，很深很浓的紫色。这种紫色使人深深感动。我永远忘不了这样的紫色的长天。

闻到一阵阵炊烟的香味。停泊在御码头一带的船上正在烧饭。

一个女人高亮而悠长的声音：

“二丫头……回来吃晚饭来……”

像我的老师沈从文常爱说的那样，这一切真是一个圣境。

高邮湖是悬湖。湖面，甚至有的地方的湖底，比运河东面的地面都高。

湖是悬湖，河是悬河，我的家乡随时处在大水的威胁之中。翻开县志，水灾接连不断。我所经历过的最大的一次水灾，是民国二十年。

这次水灾是全国性的。事前已经有了很多征兆。连降大雨，西湖水位增高，运河水平了漕，坐在河堤上可以“踢水洗脚”。有很多“瘆人”的，不祥的现象。天王寺前，虾蟆爬在柳树顶上叫。老人们说：虾蟆在多高的地方叫，大水就会涨得多高。我们在家里的天井里躺在竹床上乘凉，忽然拨剌一声，从阴沟里蹦出一条大鱼！运河堤上，龙王庙里香烛昼夜不熄。七公殿也是这样。大风雨的黑夜里，人们说是看见“耿庙神灯”了。耿七公是有这个人的，生前为人治病施药，风雨之夜，他就在家门前高旗杆上挂起一串红灯，在黑暗的湖里打转的船，奋力向红灯划去，就能平安到岸。他死后，红灯还常在浓云密雨中出现，这就是“耿庙神灯”——“秦邮八景”中的一景。耿七公是渔民和船民的保护神，渔民称之为“七公老爷”。渔民每年要做会，谓之“七公会”。神灯是美丽的，但同时也给人一种神秘恐怖感。阴历七月，西风大作，店铺都预备了“高挑灯笼”——长竹柄，一头用火烧弯如钩状，上悬一个灯笼，轮流值夜巡堤。告警锣声不断。本来平静的水变得暴怒了。一个浪头翻上来，会把东堤石工的丈把长的青石掀起来。看来堤是保不住了。终于，我记得是七月十三(可能记错)，倒了口子。我们那里把决堤叫“倒口子”。西堤四处，东堤六处。湖水涌入运河，运河水直灌堤东。顷刻之间，高邮成了泽国。

我们家住进了竺家巷一个茶馆的楼上(同时搬到茶馆楼上的还有几家)，巷口外的东大街成了一条河，“河”里翻滚着箱箱柜柜，死猪死羊。“河”里行了船，会水的船家各处去救人(很多人家爬在屋顶上、树上)。

约一星期后，水退了。

水退了，很多人家的墙壁上留下了水印，高及屋檐。很奇怪，水印怎么擦洗也擦洗不掉。全县粮食几乎颗粒无收。我们这样的人家还不致挨饿，但是没有菜吃。老是吃茨菰汤，很难吃。比茨菰汤还要难吃的是芋头梗子做的汤，日本人爱喝芋梗汤，真不可理解。大水之后，百物皆一时生长不出，惟有茨菰芋头却是丰收！我在小学教务处的地上发现几个特大的蚂蟥，缩成一团，有拳头大，怎么踩也踩不破！

我小时候，从早到晚，一天没有看过河水的日子，几乎没有，我上小学，倘不走东大街而走后街，是沿河走的。上初中，如果不从城里走，走东门外，则是沿着护城河。出我家所在的巷口的南头，是越塘。出巷北，往东不远，就是大淖。我在小说《异秉》中所写的老朱，每天要到大淖去挑水，我就跟着他一起去玩。老朱真是个忠心耿耿的人，我很敬重他。他下水把水桶弄满(他两腿都是“筋疙瘩”——静脉曲张)，我就拣选平薄的瓦片打水漂。我到一沟、二沟、三垛，都是坐船。到我的小说《受戒》所写的庵赵庄去，也是坐船。我第一次离家去外地读高中，也是坐船——

轮船。

水乡极富水产。鱼之类，乡人所重者为鳊、白、鲚(鲚花鱼即鳜鱼)。虾有青白两种。青虾宜炒虾仁，呛虾(活虾酒醉生吃)则用白虾。小鱼小虾，比青菜便宜，是小户人家人佐餐的恩物。小鱼有名“罗汉狗子”“猫杀子”者很好吃。高邮湖蟹甚佳，以做醉蟹，尤美。高邮的大麻鸭是名种。我们那里八月中秋兴吃鸭，馈送节礼必有公母鸭成对。大麻鸭很能生蛋。腌制后即为著名的“高邮咸蛋”。高邮鸭蛋双黄者甚多。江浙一带人见面问起我的籍贯，答云高邮，多肃然起敬，曰：“你们那里出咸鸭蛋。”好像我们那里就只出咸鸭蛋！

我的家乡不只出咸鸭蛋。我们还出过秦少游，出过散曲作家王磐，出过经学大师王念孙、王引之父子。

县里名胜古迹最出名的是文游台。这是秦少游、苏东坡、孙莘老、王定国文酒游会之所。台基在东山(一座土山)上，登台四望，眼界空阔。我小时凭栏看西面运河的船帆露着半截，在密密的杨柳梢头后面缓缓移动，觉得非常美。有一座镇国寺塔，是个唐塔，方形。这座塔原在陆上，运河拓宽后，为了保存这座塔，留下塔的周围的土地，成了运河当中的一个小岛。镇国寺我小时还去玩过，是个不大的寺。寺门外有一堵紫色的石制照壁，这堵照壁向前倾斜，却不倒。照壁上刻着海水，故名“海水照壁”。寺内还有一尊肉身菩萨的坐像，是一个和尚坐化后漆成的，寺不知毁于何时。另外还有一座净土寺塔，明代修建。我们小时候记不住什么镇国寺、净土寺，因其一在西门，名之为“西门宝塔”；一在东门，便叫它“东门宝塔”。老百姓都是这么叫的。

全国以邮字为地名的，应只高邮一县。为什么叫高邮？因为秦始皇曾在高处建邮亭。高邮是秦王子婴的封地，至今还有一条河叫子婴河，旧有子婴庙，今不存。高邮为秦代始建，故亦名秦邮，外地人或以为这跟秦少游有什么关系，没有。

1991 年 6 月 20 日

/ 荐读 /

《草木春秋》是当代散文大家汪曾祺的精品散文汇集。全书收录的 39 篇散文，或记人事、写风景，或说文化、述掌故，无不娓娓道来，充满情趣；闲淡中有滋味，闲适中有波澜，给读者以文学艺术的审美享受。汪曾祺被视为最后一位京派作家，他的语言，恬淡平易，不刻意雕饰，看似漫不经心，随意闲话，但浑然天成，充满幽默智慧的情趣、旷达悠远的意境。

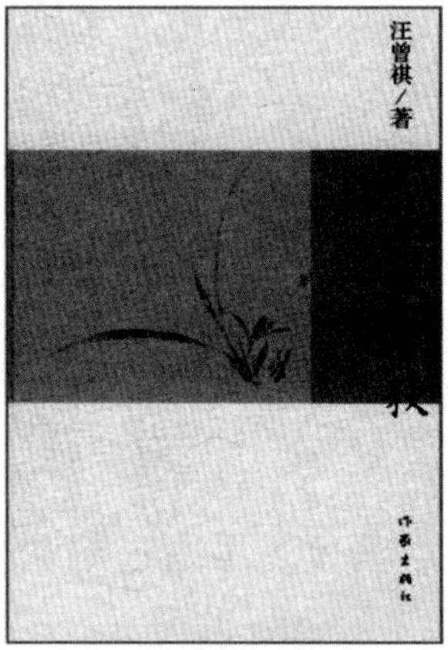

书　　名：草木春秋
作　　者：汪曾祺
出版信息：作家出版社 2011 年版

回馈乡村，何以可能？[①]

黄 灯

/**导读**/ 一个人文学者、"一个农村儿媳眼中的乡村图景"，道出了当下农村的深层危机，让中国的"三农"问题再次凸显在人们面前。如何"回馈乡村"，反哺农业，或许是现实社会最为紧迫的问题。

一、现实所有的触角都伸向了这个家庭

写不写这些文字，纠结了很久。哥哥、嫂子及其家人的日常生存进入我的视线，是在结婚以后。这么多年，日子对他们而言是严酷、结实的生存，是无法逃避的命运和选择，我作为一个介入者，总认为文字是对其生存的冒犯。但正因为是一个无法回避的介入者，并已内化为家庭中的一员，我再怎么冷静，也无法还原到一种完全旁观的心态。多年来，我们共同面对、处理，甚至正遭遇很多家庭琐事，这些真实的处境，和知识界、学术界谈论的农村养老、留守儿童、农村教育、医疗、农民的前景有密切关联。本文中，我愿意以一个亲历者的角色，尽量回复到对事件的描述，以梳理内心的困惑，提供个案的呈现，并探讨回馈乡村的可能。

我丈夫家在湖北孝感孝昌县的一个村子。2005 年第一次过

①选自《2016 年中国思想随笔排行榜》，百花洲文艺出版社 2017 年版。有删节。黄灯，1974 年生，湖南汨罗人，中国现代学者。

年回到他家，印象最深的就是嫂子。嫂子个子矮小，皮肤黝黑，长相粗陋。我暗自问当时的男友："哥哥尽管算不上特别帅气，但为何找了这么难看的嫂子？"后来才发现，这种问题多么粗鲁无礼，对一个农村的贫苦家庭而言（更何况哥哥还有家族遗传病，后来才得知，父亲、二姐都因此早逝），能够找到一个适龄的女子组建家庭，已是万幸。事实上，美貌和帅气在农村的婚配关系中，其权重远远不能和经济条件、家庭地位相比。嫂子的家境也不好，具体情况我不太清楚，我认识她十年来，发现她几乎很少回娘家，也很少谈起家里的事。嫂子性格开朗，简单没有心机，和我一见如故，她也只比我大几岁，因此，第一次去给村里老人拜年时，很自然，我们竟然手拉着手。

当时，婆婆身体还不错，大约 75 岁，小侄子 14 岁，小侄女 12 岁。那几年，哥哥嫂子一直跟着四姐、四姐夫在北京工地打工，四姐夫是一个包工头，从老家找了很多青壮年劳动力，乡里乡亲，干活让人放心，自然，乡里乡亲也能通过姐夫顺利拿到工钱，互相之间都很信任。后来才得知，四姐夫当时赚了不少钱，他甚至在 20 世纪 90 年代末期，就很有先见之明地在孝感市内买了土地，盖起了四层高的楼房。现在回忆起来，这几年是全家最为安静、平和的日子。婆婆因为身体尚可，主动承担了照顾侄子、侄女的重担，快 80 高龄，依然喂鸡做饭，做一些力所能及的家务活。哥哥、嫂子为维持生计（孩子念书、村里人情往来、家人生病等必要开销），一直待在北京工地，只有过年时才提前一月、半月回家，准备年货。这样，侄子侄女事实上就成为祖辈照顾的留守儿童，只不过，相比当下很多孤苦的儿童，因为能够得到祖母的爱，孩子倒也没有留下太多心理阴影。

情况到2008年发生了一些变化，哥哥、嫂子尽管在外打工多年，但年头到年尾的拮据状态让他们颇为失望，加上婆婆、公公年龄已大，已无法照顾好进入叛逆期的孙辈，这样，嫂子就决定留在家里，一方面照看老人，更重要的是管教孩子。嫂子在家种种菜，喂喂鸡，养养猪，我们按时给家人寄生活费，一家人无病无灾，日子倒也过得去。这样，哥哥、嫂子同时在外打工的局面，就变成了哥哥一人外出打工的状态。哥哥身体并不好，并不适合外出在建筑工地干很重的体力活，但待在家里，几乎没有任何额外的来源，而孩子逐渐长大，老人年事已高，子女成家，父母善终的具体压力一件件摆在眼前。房子尽管1998年在丈夫的资助下已经建起，但二楼几乎是一个空架子，没有任何装修，以致过年过节回去，都没有办法安置亲人过夜。但不管怎样，毕竟一家人还能过一种平平安安的日子，随着孩子们的成长，日子总是在走向好的一天。哥哥每次得知我们寒暑假要带儿子回去，总是提前从工地回来，杀鸡、宰鸭，用摩托车带儿子去镇上集市赶集，给儿子买各种夸张而廉价的玩具，公公、婆婆也极为开心，嫁出去的大姐、小妹，还有妻子早逝的二姐夫都会回来相聚，一家人倒也能感受到亲人相聚的温馨，只有四姐一家，因为姐夫常年待在北京，几乎很少回去。但这种平常、安稳的日子并未维持多久，就出现了一些意想不到的事情，并直接影响到了整个家庭的走向。

由于政府拖欠姐夫承包工程的付款，大量的工程欠款无法到位，直接摧毁了姐夫多年累积的家底，这不但导致跟随他们打工多年的哥哥、嫂子的工资不翼而飞（这笔钱几乎是他们整个家底，有将近十万块的劳务费，哥哥、嫂子一直指望这笔钱给儿子娶媳妇),而且因为拖欠工人工资,欠下大量无法逃避的债务,最困难的时候,甚至找我们借钱。大约2009年临近春节一天,丈夫接到四姐夫的紧急电话,说有人用刀架着他的脖子,逼他必须在当天还钱,求我们帮他解燃眉之急。姐夫在我印象中,一直经济算是宽裕,穿的衣服也挺括光鲜,很有农村成功人士的派头。几年以来,这是姐夫第一次向我们开口,但当时我确实不愿借钱。一则,手头并没有多余的闲钱等着帮助他们,而买房欠下的首付还等着年底归还,当时我们的经济状态几乎处于最紧张的阶段;二则,也因为他们拖欠了哥哥、嫂子将近十万块钱的血汗钱,对他们心生嫌隙,总感觉他们没有保障亲人最基本的利益。我向丈夫讲明了我的意思,丈夫也没有吭声,四姐被逼无奈,再次向我们打电话求助,面对危急情况,她也没有任何办法,事情明摆着,我们已没有任何退路,也没有任何选择,只得厚着脸皮找一个经济条件尚可的朋友借钱。尽管四姐当时承诺几个月以后还钱,但我知道,还不还钱不是她的主观愿望说了算,从借出那笔钱开始,我们就没有期待有还钱的那天。事实也是如此,此后几年,四姐一家的经济状况没有任何好转,她甚至几年都不敢回家,害怕村里那些曾经跟随姐夫打工的乡亲讨要工钱(我后来才意识到四姐一家命运的转变,对我们此后几年经济状况的直接影响,因为他无法归还哥哥、嫂子的工钱,哥哥嫂子再也没有别的储蓄,随着儿子、女儿长大,他们结婚、成家的大事,通过婆婆的叮嘱,就责无旁贷落到我们身上)。2015年,我在北京访学,曾经和丈夫去看过四姐一家。他们居住在北京一个极其混乱的城中村里,村子里污水横流,垃圾遍地,两间逼仄的平房在一条弯弯曲曲的小巷的尽头,为躲避别人逼债,几年来他们和外界断绝任何联系，四姐夫更是几年都不敢回家，作为独子甚至无力照看家中的老母，也不敢公开找工作，一家人的生活全靠四姐在咖啡厅洗碗、两个女儿当导游来维持。想到20世纪90年代，四姐一家最辉煌的时候，一家人的日子红红火火，没想到现在最需要经济支撑时，却因为政府拖欠工程款，不得不躲在一个隐匿的角落生活。

除此以外，隐匿于家庭暗处的悲伤随处可见，我每次回到婆婆家，在和哥哥、嫂子或者大姐的聊天中，总能听到一些让人压抑的事情。2013年年底，侄子和本县一女孩网恋闪电结婚，哥哥嫂子极为高兴。但女孩嫁过来后，总是和嫂子闹别扭，性格也极其怪癖，后来才得知，她的家境也极为不幸。听说她妈妈在生下她后，被乡政府捉去结扎，一回来，就变疯了，根本就没有任何能力照顾孩子，而且还暴力打人，总是将身穿的衣服撕破，没有办法，家人只得将她关在一间房子里。谁都知道这种惨剧和结扎有关，但没有任何人有力量去申诉惨剧的真相，而是任由命运的安排以最残忍的方式作用到一个普通的农家。我曾经问过侄媳妇："有没有到乡政府反映情况?"她一脸的茫然，并未意识到一次失责的结扎手术对她的生活到底产生了多深伤害。只说小时候从来就没有人抱，都是在房中爬大的。我一直念叨向她打听更多情况，看能否帮他们维权，没想到前一向得知，她妈妈在疯病中已经去世，年仅四十多岁。

平心而论，哥哥、嫂子一家都是最普通的农民，也是最老实、本分的农民，他们对生活没有任何奢望，也从来没有想到通过别的途径去获取额外资本。他们所能做到的就是本本分分劳动，过一点安生日子。而在农村，像哥哥一家的情况非常普遍，守在乡村，没有任何收入来源，外出打工，有可能连工资都拿不回，但全家的基本开销，诸如孩子的念书、成家，房子的修缮和更新，老人的生病、善后，一样都不能少。尽管农村免除了农业税，近几年也推行了合作医疗，但和水涨船高的支出比较起来，实在是杯水车薪。可以说，中国无数的财富、希望没有多少途径流向他们，但社会不良的触角，诸如政府拖欠工程款、信仰危机所导致的价值观混乱、基层执行计划生育的粗暴和失责，却总是要伸向这个普通的农家，种种无声的悲剧最后总是通过各种渠道渗透到他们的日常生存，唯有认命，才能平复内心的波澜和伤痕。

二、看不到前景的家庭命运

2015年7月13日，卧床将近一年的婆婆去世，走完了她86年的艰难人生。

在忙乱、悲伤、空落中给婆婆办好丧事，我突然感到维系整个家庭最牢固的纽带轰然断裂。尽管和婆婆在一起居住的日子并不多，但她的慈祥、宽厚还是让我感到一个老人的亲切和温暖，丝毫没有婆媳相处的尴尬和芥蒂（我对她的感情认同更像自己的外婆）。每次回家，她都极为开心，对于年幼的孙子尤其喜爱。孩子刚出生时，她便买了很多糖果招待村里乡亲，并且总是将我们定期寄回的照片分给村里老人看。婆婆最大的心愿，就是儿子能当官，最好当大官。在她眼中，再也没有什么比家中拥有当官的子女，更能改变家族的命运，儿子、媳妇空戴两顶博士帽子，甚至比不上一个乡镇干部或赚钱的包工头，更能解决家庭其他成员的实际难处。老人卑微的心愿更让我感受到她一生当中所遭遇的痛苦、屈辱，还有望不到边、无穷无尽生存的折磨和厄运。我知道，像丈夫这种家庭出身，通过念书得以改变命运，最后在城里找到一个安居之所的人并不少见。他们身后因为共同的家庭负重和压力，从精神面目、阶层气质上甚至具有某种共同特征，以致在各类社交群中，被城里或者家境优于配偶的女人冠以一个“凤凰男”的群体标签，并作为轻易不能下嫁的目标进行讨伐。我丝毫不否认作为个体的选择，与这种男人的结合意味着要面对更多，但这种来自社会单一舆论的道德优势，还是使我感受到掩盖在这个标签背后所蕴含的歧视、无奈和漠然，以及城乡二元结构给农民造成的不可逆式的生存劣势，怎样通过代际传递一直作用到婚恋层面，从而导致不可排解的天然矛盾。可以说，尽管农村出生的读书人通过个人努力得以改变身份，但只要和出生的家庭还依存各种血肉关联，那份深入骨髓的卑微、渺小和人格的屈辱感，就会渗透到生活的方方面面。逃出泥坑的幸运者尚且如此，留在故地的坚守者又怎么可能有更好命运？

事实就是如此，冷静下来想想，哥哥一家确实看不到太好的前景。

首先是代际的贫穷已经开始轮回。在体力最好的时候，哥哥、嫂子当年丢下孩子外出打工，现在侄子、侄女长大成人，结婚生子后，随着生存的压力变为现实，也不可避免要重复父辈的命运，踏上下一轮的打工生涯，哥哥、嫂子像当年公公、婆婆一样，要承担起照看孙子的重任。2013 年年底侄子结婚以后，为偿还债务，过完年就离开新婚妻子，随村里去外省打工的队伍，成为泥水匠中的一员。运气好时，一年能够攒下一万多元；运气不好，或者多换几个工地，可能就只够买一张回家的火车票。毕竟和父辈比较起来，侄子不可能像他们那样严苛节约。20 出头的年龄，和城里的年轻人一样，他迷恋各类智能手机，或者一些时尚的行头，光是这一笔开销，就足够家里开支半年。他也曾经考虑在附近的镇上找个事做，或者开个店，但不是没有成本，就是没有过硬技术，始终难以做成。客观而言，农村自身的生产已经难以形成良性循环。更多时候，获取基本的家庭开销，还是不得不以肢解完整的家庭结构为代价。这样，结婚、生子、外出打工、制造留守儿童，就成为事实上的轮回。对哥哥而言，新的挑战在于，他老了以后，甚至会面临老无所养的境地，毕竟他的子女，没有一人通过读书得以改变命运。而他在半生的劳作中，也仅仅只是维持了一种最简单的生存，并没有给自己留下半点养老的资本。贫穷和贫穷的传递，已经成为这个家庭的宿命。

其次是留守儿童的后果开始显现。侄子、侄女作为第一代留守儿童，已经长大成人。侄女通过网恋，19 岁那年就结婚，20 岁就生了孩子，丈夫是个比她还小一岁的本乡男孩。尽管已身为母亲，但侄女根本就没有身为人母的心理准备，更感受不到母亲身份沉甸甸的重任，怀孕期间，依旧维持以前的生活方式，猛吃方便面、喝饮料，手机更是 24 小时不离身，床头柜前堆满了方便面盒子和饮料瓶。孩子生下来后，甚至连棉纱的尿布都不知道在哪儿买。我暑假看到她带着一岁不到的女儿，大热天里，就让她光着大半个身子，一身的泥巴和脏污也不管，我告诉她应该给孩子备用一点棉纱尿布，她开始一脸茫然。随后便很开心地告诉我，她让女儿几个月就开始吃冰棒，拉了几天肚子后，现在不管吃什么都没关系，但事实上，她女儿一直不明原因地高烧不退。和城里刚做母亲女性的谨慎、细致比较起来，侄女的无知、粗糙着实让我吃惊不小。她原本就是一个孩子，一个 20 岁就做了母亲的孩子，爱玩的天性和母亲沉重的责任放在她身上，显得尴尬而又刺眼。我叫她买两本书看看，或者上网时，顺便看看育儿专栏的内容，她青春勃发的脸庞再一次转向我，“我明年就出去了，带伢是奶奶的事情”。侄子的情况也好不到哪里去，他妻子因为自小没有母亲的滋养和教导，也不懂得怎样对待孩子，孩子一哭闹，她就将几个月大的孩子丢在床上，要么不理不睬，要么大喊大叫，很难有平和情绪，更不要说一个理智妈妈应该具有的淡定。加上侄子终年在外打工，妻子整天和嫂子相处，两人总难免因为家庭琐事磕磕碰碰，因此，也难以有好的心态对待刚出生的孩子。

不得不承认，和哥哥一代被逼外出的心态不同，侄子、侄女外出打工的心态已经发生了很大改变。相对贫穷固然是其选择外出的理由，但对于年轻而又过早当妈妈的女孩而言，很多时候，外出打工是她们逃避养育孩子的最好借口。在她们的思维和情感发育中，养育孩子的繁琐让她们苦不堪言，而过早外出对另一个孩子的伤害，根本就没有进入她们的视线。留守儿童缺爱的童年，让他们从小难以获得爱的能力，当他们长大到做父母时，这种爱的缺失，并不会随身份的改变，有如神助一般地得以弥补，爱的荒芜的代际传递，才是真正让人担忧之处。对比城市正常家庭孩子获得的关爱和良好教育，不可否认，另一种看不见的差距，已经将城乡差距的鸿沟越拉越深。但另一方面，因为多年在外的打工经历，侄子、侄女一辈的价值观念中已经根深蒂固地植入了当下的消费理念。不论是穿衣打扮、结婚置业，还是日常起居，其风向标已经和城市孩子没有差异。侄子尽管婚前没有赚到过什么钱，但换智能手机的速度远远超出我们的预期（其妻子网恋而成，让哥哥、嫂子感到安慰）。结婚典礼，甚至还请了乐队、车队，更不要说农村流行的三大件金饰（项链、耳环、手圈）。其所营造的气氛，和城里任何一个高档酒楼举办的婚礼没有本质上的差异，唯一的不同就是婚礼的背景是在一个并不富有的农家。面对如此的场景，他们几乎没有任何抵抗的余地，婚礼的排场，婚礼给女孩的彩礼和装备，在他们彼此暗淡的一生中，几乎就是仅有的一次出彩机会。而为此背下的债务，顺理成章成为一个新家庭的沉重起点。

再次是传统乡村结构已经失去内在坚韧纽结，经济的脆弱加速了乡风乡俗的凋零。以养老为例，尽管几千年来，养儿防老一直是农民最为坚定的信念，但这一朴实愿望，在严酷的生存现实面前受到了极大挑战。在婆婆生重病期间，不时有村里乡亲过来看望聊天，总是提到，农村老人得了病，总是拖着，能得到及时救治的情况很少（嫂子因为每天细心护理婆婆，及时帮她翻身、换药，得到了村里人一致好评，成为全村媳妇的典范），如果得了绝症，一般就是等死，有些老人不愿拖累子女，很多都会选择自行了断，有些儿女实在无法忍受这种长期的折磨，也会选择逐渐减少给没有自理能力的病人的食物，最后活活饿死。

最后，农村面临资本的侵蚀，虎视眈眈的社会游资通过官商勾结，已经盯上了农村最后的资源——土地。尽管关于农村土地私有化仅仅停留在讨论阶段，但在实际情况中，农村的土地已通过资本的运作被兼并。丈夫所在的村子在丘陵地带，风景算不上太好，几个并不太高的小土包，村里一条小河蜿蜒流过，为全村的农田提供基本灌溉。但近两年，不知哪里来的人，将村子里的土地圈起了一大块，河流也被迫改道，流入到私挖的池塘里面，模仿经济发达地区的度假村模式，修一些和整个村庄根本就不搭调的亭台楼榭和供城里人享乐的房子。事实上，因为周边旅游资源欠缺，并未有多少游客带动村庄经济，倒是因为河流的改道，已经直接影响到了农田的供水，农田被占，最后到底会导致什么后果，现在根本无法预料，而村民对此也漠不关心。对侄子、侄女一辈的孩子而言，反正种田已不可能给他们提供出路，农田被装扮成度假区的模样，反而能给他们一份心理幻觉。

若不是和丈夫结婚，作为家庭中的一员，亲身经历各类无法逃脱的日常琐事，目睹各种让人无语的真相，旁观者几乎很难体验到一个普通的农民家庭，在具体的生存和抗争中，到底要面临多少先天的劣势，他们的实际生活，和整个社会发展的大势到底要断裂到何种程度。种种真实的痛楚总是让我追问：造成这个家庭天聋地哑的困境，问题到底出现在哪个环节？回馈乡村，又何以可能？

三、回馈乡村何以可能

平心而论，尽管进入到理性分析，哥哥一家的前景充斥着灰暗和绝望。但每次回乡，哥哥、嫂子的精神状态还是让人放心、安慰。尽管手头总是缺钱，哥哥也患有先天性遗传病，但他们精神比我们要愉快很多，哥哥从不失眠，嫂子也从不唉声叹气。哪怕在婆婆卧床最艰难的阶段，嫂子还是毫无愠色地去干该干的一切，家里丝毫没有危重病人的压抑、郁闷。他们越是活得坦然而毫无欲望，越是对个人命定的困境毫无感知，越是对生活没有过多的奢望，我就越感到这种命定的生存是多么残酷，感到这个世界为什么总有人要占有如此之多。而如何回馈家庭，对跳出龙门的家庭成员而言,几乎成为一种天然的情感选择。

丈夫和任何一个通过求学改变命运的农村孩子一样,在城市的生活从来就不以追求享受为前提,甚至用在他身上的正常开销,在他看来都是一种负罪,与生俱来的家庭阴影深深渗透到他的日常生活中,他不抽烟、不喝酒,也没有多少交际,更谈不上特别嗜好,唯一的兴趣就是看书,过着一种在别人看来寡淡无味的简单生活。他性格沉默,不爱多言,他愈是沉默,我就愈能感受到过去家庭所施加给他的痛苦和压抑的深重。他像一条运气很好的鱼,通过自己的努力,终于游出了这个令人绝望的家庭,但这种逃脱的幸运并不能给他带来发自内心的快乐。他所出生的原生家庭就像一个长长的阴影,只要还有家庭成员处于不幸和痛苦中,逃脱的个体就不可能坦然享受生活本该具有的轻松、愉悦,一种血肉相连的痛楚,总是无法让他对有着共同成长记忆的亲生兄妹的困境视而不见。尽管自身背负房奴、孩奴的压力,他从来就觉得回报原生家庭是义不容辞的责任,更何况,家中老父老母的日常起居事实上也是留守家园的兄妹照顾更多。因此,家里任何人经济上求助于他,除了默默接受,从来就没有任何回绝的念头。结婚多年以来,在捉襟见肘的经济状况中,我也时时为丈夫背后的庞大家庭感到沉重压力,有时甚至有一种深不见底的绝望感,但相比经济的困窘,更让人难受的还是情感折磨。我难以回避一个基本事实,如果连我们都不去管他们,连他们最亲的人对他们所遭受的痛苦都能视而不见,那还有谁会对哥哥、嫂子一家伸出援手?可是,逃出乡村在城市立足的人,同样面临各种实实在在的困境。

我在村子里,也常常看到一栋栋废弃的房子,一打听,这种情况，一般都是举家搬往城里，再也不可能回到乡村生活的家庭。我所出生的湖南老家，也有一户仅仅是通过参军得以改变命运的军官，利用各种关系将两边兄妹的子女全部弄出去，甚至27岁初中都未毕业的小舅子都能弄到部队当兵，转业后再通过关系，安排到公安局。与他们相比，我和丈夫实在是为家庭贡献最小的人。几乎没有任何契机和资源可以从根本上改变亲人命运，甚至大外甥女大学毕业，连给她找个好工作都帮不上太多忙。正因为意识到权力的重要，婆婆生前最大的遗憾就是她的儿子没有当官，她老人家凭借想象，将博士的头衔兑换为看得见的官职，却不知道这个群体的实际生存境况。无力帮助亲人的内疚，越发让我感受到农村家庭难以改变命运的结构性困境。

既然家庭成员之间的互助，无法达到帮助弱势家庭过上更好生活的程度，改变留守乡村哥哥一家的命运，从国家和政府层面而言，最好的途径自然是通过教育。而摆在面前的事实是，乡村的教育资源已经凋零到无法直视的程度，侄子和侄女在条件极为简陋的乡村中学，连初中都没有办法坚持念完。丈夫曾历数过和他同龄的读书人，村里上过大学的就不下七八个，但到侄子、侄女辈，和他们同龄的孩子，如果父母不早早将子女送往县城或孝感的初中，连高中都很难考上，就算农村的教育条件能够和城市媲美，留守儿童的先天缺失，父母素质的差异，都让他们仅仅在起点就构成了无可挽回的劣势。社会的结构性差距已经在这个家庭兑现，对哥哥、嫂子、侄子、侄女，以及他们的孩子而言，通过念书，社会再也不可能给他们提供如丈夫一般改变命定人生的机会，逃脱乡村、跻身城市的简单而朴素的愿望，在下一代的身上终将如海市蜃楼一般缥缈。不从根本上促进一种更为持续的发展，和我们曾经同呼吸、共命运的亲人，必将在撕裂的社会较量中，被彻底抛入尘埃中，无从反抗，也毫无声息。

最后，我想说，尽管对于底层的书写，我一直心生警惕，但刻骨铭心的感受，还是让我担心这个世界的声音将变得无比悦耳，当像哥哥这种家庭的孩子、孙子再也不可能获得任何发声机会，关于这个家庭的叙述自然也无法进入公共视野，那么，关于他们卑微的悲伤，既失去了在场者经验的见证性，从而也永远丧失了历史化的可能。而我今天所写下的一切，不过以一个亲历者的见闻，以一个农民儿媳的身份，记载我与他们之间偶遇的亲人缘分。

2015 年 11 月 3 日

/ 荐读 /

中国从漫长的农耕文明中走来，要了解中国，首先要了解中国的乡土。《乡土中国》是费孝通的一部研究中国基层传统社会——农村的作品。在《乡土中国》中，作者用通俗、简洁的语言对中国的基层社会的主要特征进行了理论上的概述和分析。通览全书，可以感受到一股浓浓的乡土气息。沿着作者的思路，读者可以一窥中国的基层社会。

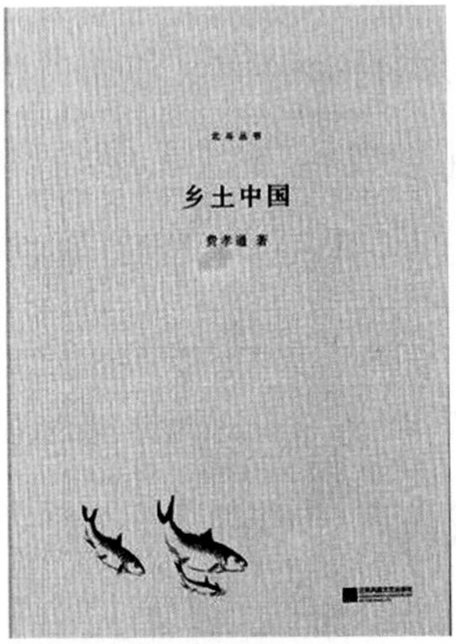

书　　名：乡土中国
作　　者：费孝通
出版信息：江苏文艺出版社
2017 年版

再见，故乡！[1]

梁 鸿

/**导读**/ 故乡是我们的精神家园。对许多人来说，故乡和农村连在一起。当农村的凋敝成为难以挽回的局面时，作为一个归乡的“游子”，一个对故乡充满挚爱之情的观察者与思考者，梁鸿表达了自己对此最深切的忧思。

独自来到墓地，与母亲告别。

不管怎么说，乡村之所以总是能让人产生某种古老、深远的乡愁似的情感，是因为它与原野、山川、河流的天然联系。它把人类的目光拉向广阔、丰富的自然界，拉向无限延伸的天空，让人情不自禁地思考自己灵魂的来源与归宿。

大地，总是永恒。从母亲的坟往远处看，左边是绿色的田野，一望无际的平坦，低矮、新鲜的庄稼充满着生命力，灰蓝、微暗的天空，天边是暖红的彩霞；右边往下看是宽广的河坡，树林郁郁葱葱，粉红色的合欢花在树顶连绵起伏，随风起舞，如同精灵的舞蹈；围绕着树林，笼罩着一团团淡白的轻雾。不知为什么，那一刻，觉得母亲仍与我同在。她躺在这片土地中，而她的女儿用她的灵魂与精神在感受着这片土地。有一种温暖慢慢进

---

①选自《中国在梁庄》，中信出版社 2014 年版。梁鸿，1973 年生，河南邓州人，中国现代学者，作品有《出梁庄记》《梁庄十年》等。

入心间。是的，妈妈，我来看您了，虽然次数越来越少，但每当想到这一方土地，想到在这一方土地上，有您躺着的坟地，就觉得我们心意相通，您还在注视着我们。

少年时代失去母亲，是我永远说不出的痛。想起母亲躺在床上，望着上学的我们，只能发出“啊、啊”的哭声，就无法抑制自己的眼泪。那是一位失去行动、失去语言的母亲的绝望，她无法表达她的爱，也为给这个家庭带来深重的灾难而歉疚。这一哭声犹如长久的阴影跟随着我，我的软弱、自卑、敏感和内向，通通来自于此。

我无法想象母亲在骨灰盒里，尤其是当站在她的坟前的时候。如果没有这象征性的坟头，如果她没有躺在土地之中，我无法想象，她是否还能关注我，我是否还能如此深刻地感到和她心意相通。每次家里有大事，都要来到这里，烧纸、磕头，然后，坐在坟边絮絮叨叨地给母亲说一说。少年时代，有一次哥哥与父亲吵架。深夜里，哥哥拿着刀，往墓地跑。我跌跌撞撞地跟在后面，心里害怕极了，不只是害怕哥哥会死掉，而是害怕母亲知道家里出了这么可怕的事。那一刻，我真的希望时光永远停下来。至今还能回忆起哥哥的哭声，声嘶力竭，那委屈，那依赖，是只有在母亲面前才能有的。哥哥躺在母亲的坟前，在那里翻滚着，倾诉着，似乎渴望母亲能抱住他，安慰他孤独可怜的心灵。这次回家我才知道，当年父亲手术成功，几个姐姐专门回家，到母亲坟边，把这件事告诉了母亲。这样大的事情必须告诉妈妈，才算达到真正的隆重。

这种古老的凭吊方式难道真的要成为过去？我记得一个南方朋友给我讲她们家乡凭吊亲人的方式。清明的时候，早晨起来，一家人带着吃的、喝的，来到亲人坟边，烧纸、放鞭炮、磕头，然后在那儿吃饭、说话、聊天、打牌，整整待上一天时间，天黑以后才离开。听到这些时，我的心有一种说不出的感动、温暖与辛酸，多么温馨而又自然的纪念方式，陪上亲人一整天，和他一起生活，就仿佛他还在。我无法判断农村土葬能浪费多少土地，但是，如果真的以一种强制性的手段让民众失去这样的文化习俗，对于民族心理、民族性格也是一种伤害。

乡村，并不纯然是被改造的。或者，有许多东西可以保持，因为从中我们看到一个民族的深层情感，爱、善、纯厚、朴素、亲情等，失去它们，将会失去很多很多。也许正是这顽固的乡村与农民根性的存在，民族的自性、民族独特的生命方式和情感方式能够多少得以保留。

而在启蒙者和发展论者的眼光里，这是农民的劣根性，是农民不肯接受新的生活方式和文化方式的落后表现。是不是我们——这些所谓权力与知识的掌握者——的思维出现了问题？我们对自己的民族过于不自信，一切都想连根拔起，直到面目全非。有一位学者说过，“现代化是一个古典意义的悲剧，它带来的每一个利益都要求人类付出对他们仍有价值的其他东西作为代价”。

不知道为什么，有一种感觉，我以后会回来得越来越少。当故乡以整体的、回忆的方式在心灵中存在，我想回来的欲望就非常强烈，对它的爱也是完整的。经过这几个月深入机理的分析与挖掘，故乡在我心中已经变得面目全非。当爱和痛不再神秘，所有的一切都成为功利的东西时，再回来的愿望与动力没有了。或许，是我的功利破坏、亵渎了对它的神圣情感，我对五奶奶、对小柱、对我故乡的人们的感情不再纯洁。

再见，故乡。

再见，妈妈。有您在，我会回来，直到我生命停止的那一刻。

/ 荐读 /

乡村是中国文化形态最基本的单位。在过去的几十年里，中国村庄大面积溃散。《中国在梁庄》以非虚构的表述，用田野调查的方式，再现中国乡村的转型之痛。该书的价值正如“朱自清散文奖”授奖词所言：“以真实的力量引起我们的共鸣，让我们也同样地顾后和瞻前，忧虑和悲伤，困惑和迷茫。在心系母土的真实表述中，有着值得珍视的精神担当。”

书　　名：中国在梁庄
作　　者：梁　鸿
出版信息：中信出版社 2014 年版

敬致作者

为了编好这套“中学语文课外阅读基本篇目”丛书，南京师范大学出版社与编选组合作，与作品收入本套丛书的作者进行了广泛联系，得到了许多作者的大力支持。在此，我们表示衷心的感谢。但是，由于一些作者地址不详，无法取得联系。敬请各位著作权的作者尽快与我们联系，以便支付稿酬。谨致谢忱！

联系地址：南京市玄武区后宰门西村 9 号
南京师范大学出版社
邮　　编：210016
联系电话：025－83598919
电子邮箱：nspzbb@njnu.edu.cn

南京师范大学出版社
2018 年 5 月